루돌프 슈타이너

철학·우주론·종교

인지학에서 바라본 세 영역

루돌프 슈타이너

철학·우주론·종교

인지학에서 바라본 세 영역

10회 강연
도르나흐, 1922년 9월 6일~13일

한국인지학출판사
KOREA ANTHROPOSOPHY PUBLISHING

Rudolf Steiner
Drei Schritte der Anthroposophie: Philosophie, Kosmologie, Religion

루돌프 슈타이너 전집 | 인지학 3

철학·우주론·종교
인지학에서 바라본 세 영역

원표제: Rudolf Steiner, Drei Schritte der Anthroposophie: Philosophie, Kosmologie, Religion
독일어 원작(루돌프 슈타이너 전집 25)을 한국어로 번역함

1판 1쇄 인쇄 2018년 8월 5일
1판 1쇄 발행 2018년 8월 10일

지은이 | 루돌프 슈타이너
옮긴이 | 루돌프 슈타이너 전집발간위원회

발행인 | 이정희
발행처 | 한국인지학출판사 www.steinercenter.org
주소 | 04090 서울특별시 마포구 독막로 230 우리빌딩 2층·6층
전화 | 02-832-0523
팩스 | 02-832-0526
기획제작 | 씽크스마트 02-323-5609
북디자인 | 김다은

ISBN 979-11-960888-7-3 03160

이 책은 사단법인 한국슈타이너인지학센터, 인지학 출판프로젝트 2025, 벨레다 코리아, 그리고 송광수님의 특별 후원으
로 제작되었습니다.

후원계좌 | 신한은행 100-031-710055 인지학출판사

일러두기: 특별한 용어의 번역에 관하여

- 독일어 병기는 1996년 개정 독일어 표기법을 따랐습니다.

- 슈타이너의 인지학 용어의 범위는 기본적으로는 당시 독일의 관념론 철학, 괴테와 실러를 중심으로 하는 문학, 서양 신비주의 등의 어휘를 크게 벗어나지 않습니다. 하지만 슈타이너는 많은 용어에 새로운 의미와 연관성을 부여하여 독특하게 사용했고, 이는 오늘날까지 슈타이너의 텍스트가 어렵게 여겨지거나 왜곡되는 원인이 되고 있습니다. 우리나라 인지학 연구의 짧은 역사 안에서 슈타이너의 용어는 영어, 일본어 번역문의 중역, 그의 사상적 배경이 된 독일 근대문학과 서양철학 및 신비주의 전통에 대한 이해 부족, 슈타이너의 어법과 텍스트에 대한 착오, 우리말과 일본어 한자어 사용법 격차의 오해 등으로 인해 합리적으로 정리되어 있지 않은 것들이 많습니다. 루돌프 슈타이너 전집발간위원회는 이미 출간된 ≪발도르프 교육예술≫, ≪인간과 지구의 발달-아카샤 기록의 해석≫, ≪루돌프 슈타이너 자서전: 내 인생의 발자취≫, 곧 나올 ≪신비적 사실로서의 그리스도교≫, ≪신비학 개요≫, ≪자유의 철학≫, ≪신지학≫과 더불어 이 ≪철학 · 우주론 · 종교: 인지학에서 바라본 세 영역≫이 인지학의 개념을 이해하는 중요한 기초자료를 제공한다고 확신하면서, 용어의 올바른 번역을 위해 깊이 있는 연구와 노력을 기울여 왔습니다. 인지학 원문에 관심 있는 독자들께서는 Seele, Geist, Idee, Anschauung, Imagination, Intuition, Denken-Fühlen-Wollen 등의 용어 사용이 기존의 역어와 어떻게 다른지 주목하시기 바랍니다. 사단법인 한국슈타이너인지학센터, 한국인지학출판사, 루돌프 슈타이너 전집발간위원회는 분야별 연구자 집단과 교육 현장 관계자들이 참여하는 텍스트 · 용어 세미나와 용어집 출판 작업을 앞으로도 계속해 나갈 계획입니다. 독자 제위의 적극적인 참여와 조언을 기다립니다.

차례

I
인지학에서 바라본
세 영역

II
생각하기·느끼기·
행동하기의 영혼 수련

III
이미지적 인식 방법,
영감과 직관에 의한
인식 방법

IV
인식의 수련과
의지의 수련

I

인지학에서 바라본
세 영역

1   이번에 괴테아눔에서 일련의 기획강연이 마련되어 대단히 기쁘게 생각합니다. 이곳은 정신과학(die spirituelle Wissenschaft)을 장려하는 기관입니다. 여기서 정신과학이라고 부르는 것은 오늘날 흔히 심령학(Okkultismus)이나 신비학(Mystik)이라는 이름으로 등장하는 것들과 혼동하지 말아야 합니다. 심령학, 밀교 같은 것은 현대인이 더 이상 제대로 이해하지 못하게 된 오랜 영적 전통을 바탕으로 초감각적인 세계들에 대한 인식이라고 스스로 주장하는 것들을 어설픈 방법으로 제시합니다. 그렇지 않으면 그것들은 감각 세계를 관찰하기 위한 전형적인 연구 방법들로는 결코 초감각의 세계에 도달할 수 없다는 사실을 모른 채, 피상적인 형태로 통상적인 과학의 방법론을 흉내 냅니다. 그리고 신비주의에서 나타나는 현상은 단순히 낡은 방식으로 영혼 체험을 되풀이하거나, 아니면 불분명한, 때로는 환상이나 공상 중에 이루어지는 자기 관찰에 지나지 않습니다.

2   그와는 달리 괴테아눔에서 행하는 통찰 방식은 현대 자연과학 연구의 관점을 온전히 긍정하고 그 가운데 올바른 것을 인정

합니다. 이 방식에서는 단순히 영혼적 통찰을 위해 엄격하게 정해진 훈련을 행함으로써 초감각적 세계에 대해 객관적이고 정교한 결과를 얻으려 합니다. 그런 객관적이고 정밀한 결과라고 인정되는 것은 영혼의 통찰을 통해 얻는 것 가운데 그 영혼적·정식적인 기관(seelisch-geistige Organisation)이 수학적 문제처럼 명백하게 드러내 보인 결과입니다. 이때 중요한 것은 먼저 그 기관을 과학적으로 오류 없이 통찰해야 하는 것입니다. 그 기관을 "정신의 눈"(영안 Geistesauge)이라고 한다면, 수학자가 수학 문제를 대하는 것과 마찬가지로 정신을 탐구하는 사람도 자신만의 "정신의 눈"이 있어야 한다고 말할 수 있습니다. 그러니까 정신의 탐구자는 먼저 자신의 "정신기관"(Geist-Organ)을 마련하는 준비 과정에서 과학적 방법들을 사용하게 된다는 것입니다. 정신 탐구자의 "과학"이 그런 기관들을 장악하면 정신 탐구자는 그 과학을 이용할 수 있게 되고, 그러면 초감각적인 세계가 그의 앞에 나타나게 됩니다. 감각 세계의 탐구자는 자신의 과학을 외부로, 즉 결과를 지향하도록 유도합니다. 그러나 정신의 탐구자는 과학을 바라보기(das Schauen)의 준비 과정으로 이용합니다. 일단 "바라보기"가 시작되면 과학은 그 소임을 다한 것이 됩니다. 이때 정신의 탐구자가 자신의 바라보기를 앞날을 간파하는 "투시"(Hellsehen)라고 부른다면, 이것은 그야말로 "정밀한 투시"를 의미합니다. 감각적인 것에 관한 과학이 더 이상 나아가지 못하는 바로 그 지점에서 정신과학이 시작됩니다. 정신의 탐구자는 무엇보다 감각적인 것을 다루는 최신 과학을 기준으로 자신의 사고 방법 전체를 연마한 사람이어야 합니다.

3   그러므로 오늘날 실행되는 과학의 여러 분야는 현대적인 의미의 영적 과학이 열어 놓은 영역으로 모여듭니다. 이는 자연과학의 각 영역과 역사만이 아니라 의학 등에서도 마찬가지입니다. 그뿐 아니라 우리의 모든 실생활과 예술, 도덕 및 사회 등의 영역에서도 같은 현상이 일어납니다. 물론 종교 체험도 마찬가지입니다.

4   이번 강연 시리즈에서는 그 다양한 영역 가운데 세 가지를 다루면서, 그 세 영역이 어떻게 현대의 영적 견해로 합류하게 되는지 보여주려 합니다. 그 세 영역은 바로 철학, 우주론, 종교입니다.

5   철학은 한때 인간의 모든 인식 내용을 전달하는 역할을 했습니다. 사람은 자신의 이성(로고스)을 도구로 삼아 현실 세계의 각 영역에서 인식을 획득했습니다. 그 인식의 내용에서 각 학문이 생겼습니다. 하지만 철학 자체에서 지금 남아 있는 것은 무엇입니까? 다소 추상적인 관념의 총합만 남아서, 감각의 관찰과 실험으로 당위성을 주장하는 학문들에 대응하여 철학의 당위성을 떠받치고 있습니다. 철학의 관념은 무엇에 근거를 두고 있을까요? 이것은 오늘날 의문에 부쳐졌습니다. 우리는 철학의 관념들에서 직접적인 현실을 체험하지 못합니다. 그래서 그 현실을 이론적으로 증명하

려 애씁니다.

6   그뿐이 아닙니다. 철학은 그 어원—"지혜에 대한 *사랑*"—에서 이미 그것이 단순히 지성의 문제가 아니라 사람의 영혼 전체에 관한 문제임을 보여줍니다. 그런 것이어야 "사랑"의 대상이 될 수 있을 테니 말입니다. 그리고 옛날에는 지혜가 현실에 존재하는 어떤 것으로 받아들여지기도 했습니다. 그에 비해 이성과 지성만이 관심을 가지는 "관념들"(Ideen)의 경우는 그렇지 않습니다. 철학은 한때 영혼의 온기로 *체험하는* 인간의 문제였지만, 나중에는 메마르고 차가운 지식이 되고 말았습니다. 그래서 철학을 하면서도 더 이상 그 안에서 현실을 느끼지 못합니다.

7   한때 철학이 *실질적인* 체험이 되도록 했던 것은 *사람 자신 안에서* 사라지고 말았습니다. 감각적 과학은 감각을 통해 이루어지며, 지성은 감각이 관찰하는 것들에 대해 사유하는데, 이것은 감각을 통해 얻게 된 내용을 통합합니다. 이러한 사유는 그 자체로는 내용이 없습니다. 그런 인식 안에서 사는 사람은 자신을 오로지 물질의 신체(물질체 physischer Körper)로만 인식하게 됩니다. 그러나 철학은 무엇보다 물질체로는 체험되지 않는 영혼의 내용이었습니다. 이 영혼의 내용은 사람의 유기체에 의해 체험되었는데, 이 유기체는 감각으로는 지각되지 않습니다. 물질체의 바탕을 이루는 것은 에테르체(ätherischer Körper)이며, 이 에테르체에는 물질체에 형

태와 생명을 주는 초감각적인 힘들이 들어 있습니다. 사람은 이 에테르체라는 기관을 물질체와 똑같이 사용할 수 있습니다. 그러면 물질체가 감각을 통해서 감각적인 것들에 관한 생각을 만들어내듯 이 에테르체도 초감각적인 것들에 관한 관념을 만들어냅니다. 옛 철학자들은 에테르체를 통해 관념을 만들었습니다. 그런데 인류의 정신활동에서 이 에테르체에 의한 인식이 사라지자, 철학의 현실적 성격 또한 사라지고 말았습니다. 철학은 오로지 관념의 집합체가 된 것입니다. 그래서 우선 에테르적 사람(ätherischer Mensch)에 대한 인식을 되살릴 필요가 있습니다. 그래야 철학이 다시 현실적 성격을 회복하게 됩니다. 그것이 인지학이 이루어 내어야 할 첫걸음입니다.

8   우주론은 한때 사람이 어떻게 우주적 세계의 한 부분인지를 보여주었습니다. 그러기 위해서 우주론은 사람의 몸(Körper)만이 아니라 사람의 영혼(Seele)과 정신(Geist)도 우주를 구성하는 부분으로 여겼습니다. 그것은 우주 안에서 영혼적인 것과 정신적인 것을 보았기 때문에 가능했습니다. 그런데 근래의 우주론은 수학과 관찰과 실험을 통해 얻는 자연과학적 인식의 상부구조에 불과한 것이 되었습니다. 그런 자연과학적인 방법으로 탐구한 것이 모여 우주의 생성 변화를 보여주는 상(Bild)이 됩니다. 우리는 그런 상으로부터 사람의 물질체를 이해할 수는 있겠지만 에테르체는 이해할 수

없는 것으로 머물며, 나아가 더 고차적인 의미에서 사람에게 있는 영혼적이며 정신적인 것을 이해할 수 없는 상태가 이어집니다. 우주의 에테르적 본질을 꿰뚫어 보아야만 에테르체가 우주의 한 부분임을 인식할 수 있습니다. 그런데 우주의 이 에테르적 본질은 사람에게 에테르적 기관만 줄 수 있습니다. 반면에 영혼에는 내적 *생명(Innenleben)*이 있습니다. 그러므로 *우주의 내적 생명*도 들여다보아야 합니다. 우주의 내적 생명에 관한 통찰이 바로 옛 우주론이었습니다. 그런 통찰을 통해 사람 안에 있는 에테르적인 것을 넘어서는 영혼적 본질이 우주에 속해 있음을 알 수 있었습니다. 그런데 오늘날의 정신활동에는 영혼의 내적 생명(Seelen-Innen-Leben)이 가진 실재성에 대한 이해가 빠져 있습니다. 영혼의 내적 생명을 체험한다 해도, 그 체험의 내용은 탄생과 죽음을 넘어서는 현존이 있음을 보장하지 않습니다. 오늘날 우리가 영혼에 관해 알고 있는 것은 물질체 안에서, 그리고 물질체와 함께, 배아 생명과 유년기의 성장을 통해 얻어지고 죽음과 함께 소멸할 수 있습니다. 전에는 사람에 관한 인식에 사람의 영혼적 본질에 관한 것도 어느 정도 포함되어 있었습니다. 하지만 오늘날 우리가 사람이 가진 영혼적 본질에 대해 알고 있는 것은 영혼적 본질의 잔영에 불과합니다. 사람이 가진 영혼적 본질은 옛날에는 사람의 아스트랄적 *본질(astralische Wesenheit)*이라고 여겨졌습니다. 그것은 영혼의 생각하기(das Denken), 느끼기(das Fühlen), 행동하기(das Wollen)에서 체험되는 것이 아니라, 생각하기, 느끼기, 행동하기 안에 남은 잔영이었습니다. 그래서 오늘날 우리는 생각하기, 느끼기, 행동하기를 우주의 일부로 생각할 수 없게 되었습니다. 아스트랄적 본질이 오로지 사람의 물질적 본질 안에만 살아있기 때문입니다. 그와는 반대로 사람의 아스트랄적 본질은 우주의 한 부분으로 파악될 수 있어야 합니다. 그런 본질은 사람의 탄생과 함께 물질적 본질 안에 들어왔다가 죽음과 함께 그로부터 나가기 때문입니다. 탄생에서 죽음에 이르는 동안의 삶에서 생각하기, 느끼기, 행동하기의 뒤에 감추어져 있는 것은—아스트랄체의 경우처럼—사람의 우주적 본질입니다.

9   현대의 인식이 사람의 아스트랄적 본질을 잃어버리게 되면서, 그 인식에서는 사람을 포함하는 우주론도 빠져 나가버렸습니다. 그 결과 오로지 물질적 우주론만 남게 되었습니다. 그런 물질적 우주론에는 오로지 물질적 사람의 바탕을 이루는 것만이 포함되어 있습니다. 그래서 아스트랄적 사람(astralischer Mensch)에 대한 인식을 회복할 필요가 있습니다. 그렇게 되어야 사람을 포함하는 우주론이 가능해질 것입니다.

10   이 지점에서 바로 인지학의 두 번째 단계가 시작됩니다.

11   종교는 원래 탄생에서 죽음에 이르도록 사람 자신의 존재를 가능하게 하는 물질적이고 에테르적인 실체에 대해 독자적으로 알도록 해주는 체험, 그리고 사람의 존재에 영향을 미치는 우주에

대해 알도록 해주는 체험을 바탕으로 형성되었습니다. 그런 체험의 내용이 본래 정신사람(Geistmensch)을 구성하며, 인지학이 말하는 "나"(Ich)라는 단어는 그런 정신사람을 암시적으로 가리킬 뿐입니다. 한때 이 "나"라는 단어는 인간에게 있어 그 모든 물질적 성질이나 아스트랄적 본질과는 상관없이 자신에 대해 아는 그 무엇을 뜻했습니다. 그런 체험을 통해 사람은 자신에게 몸과 영혼을 부여한 우주의 모상에 지나지 않는 이 세계 안에서 자신의 존재를 자각했습니다. 자신을 *신적 세계*와 연결된 것으로 자각했던 것입니다. 그런 신적 세계는 감각의 관찰로는 인식되지 않습니다. 에테르적 사람과 아스트랄적 사람을 인식하면, 그 다음에는 점차로 이 세계를 넘어서는 이해가 가능해집니다. 사람은 감각적 이해에서는 자신의 가장 내적인 실체가 속한 신적 세계와 자신이 *분리되어* 있음을 자각할 뿐입니다. 초감각적 인식을 통해 사람은 비로소 자신과 신적 세계를 다시 연결합니다. 그럼으로써 초감각적 인식은 종교로 귀결됩니다.

12   그런 과정이 가능해지려면 '나'의 진정한 본질을 알아차릴 수 있어야만 합니다. 하지만 나의 그런 진정한 본질은 오늘날의 인식에서 사라졌습니다. 철학자들 조차도 '나'를 오로지 영혼적 체험의 집합으로 봅니다. 철학자들이 그런 방식으로 '나'라는 정신사람(Geistesmensch)에 포함시키는 관념은 우리가 잠이 들 때마다 반박당합니다. 왜냐하면 수면 중에는 바로 *이* '나'의 내용이 소멸되기 때

문입니다. 오로지 그러한 나를 식별하는 의식으로는 인식의 형태로 종교에 합류할 수 없습니다. 그런 의식은 수면에 의한 소멸을 방어할 수 없기 때문입니다. 그런데 진정한 나(wahres Ich)에 대한 인식은 현대의 정신활동에서 사라졌고, 그 결과 지식을 통해 종교로 들어갈 가능성도 사라졌습니다. 한때는 종교의 내용이었던 것이 전승 과정에서 사람의 인식이 다가갈 수 없는 어떤 것으로 받아들이게 된 것입니다. 그런 방식으로 종교는 과학적 체험의 영역 밖에서 얻어야 하는 *신앙*의 내용이 된 것입니다. *지식과 신앙*은 한때는 하나였던 것이 두 가지 서로 다른 체험 방식이 되어버렸습니다.

13   종교가 인류의 삶에서 제대로 된 자리를 가지려면 무엇보다 먼저 진정한 "나"에 대한 명료한 인식이 생겨야 합니다. 현대 과학은 사람을 물질적 본질이라는 측면에서만 진정한 실재로 이해합니다. 그에 머물지 않고 사람이라 함은 에테르적 사람, 아스트랄적 사람, 정신의 사람 또는 "'나' 사람"(Ichmensch)으로 인식되어야 합니다. 그렇게 되어야 과학이 종교적 삶의 바탕이 될 것입니다.

14   이로써 인지학의 세 번째 단계가 시작됩니다.

15   다음에 이어지는 일련의 강연에서는 어떻게 하면 에테르적 사람을 인식할 수 있는지, 다시 말해서 어떻게 하면 *철학*에 실재를 부여할 수 있는지를 설명하겠습니다. 또한 아스트랄적 사람에 대

한 인식이 무엇인지를 증명할 것입니다. 곧 사람을 포괄한 우주론이 가능함을 보여줄 것입니다. 그리고 마지막으로는 "진정한 나"의 인식을 이끌어냄으로써 인식을 바탕으로 하는 종교적 삶의 가능성을 제시할 것입니다.

II

생각하기·느끼기·
행동하기의 영혼 수련

1   철학이 시작될 당시 철학을 하는 방식은 오늘날과는 달랐습니다. 오늘날의 철학은 내적으로, 즉 영혼에 의해 *체험*되지 않는 관념들을 결합하는 방식으로 행해집니다. 그 관념들이 영혼에 의해 체험되지 않기 때문에, 자기 자신을 의식하는 사람은 그런 관념들 안에서 실재를 느끼지 못합니다. 그래서 가능한 모든 이론적 수단을 찾아내어 철학의 내용이 실재와 연결된다는 것을 보여주려고 애쓰게 되었습니다. 물론 그런 방법으로는 각기 일정 부분 정당성을 가진다고 말할 수 있는 여러 철학 체계만 만나게 될 것입니다. 왜냐하면, 근본적으로 보면 우리가 그 정당성을 부정할 때 동원하는 근거들은 우리가 그것을 입증하려 할 때 동원하는 근거만큼이나 합당한 의미가 있기 때문입니다.

2   인지학에서는 철학적 내용이 말하는 실재에 대해 이론적으로 숙고하기보다는 인식 방법을 제대로 구축하여 접근합니다. 이때의 인식 방법은 한편으로는 옛 철학을 만들어낸 인식 방법과 유사하고, 다른 한편으로는 근대 수학과 자연과학의 방법처럼 완전히 의식할 수 있는 정밀한 방법입니다.

3   옛 방법은 반쯤 무의식적인(halb unbewusst) 방법이었습니다. 현대인이 과학적으로 사고할 때의 의식 상태와는 달리, 옛 방법은 반쯤 꿈꾸는(halb traumhaft)상태에서 인식하는 것이었습니다. 이 방법이 그 내용의 실재를 간접적으로만 보장하는 꿈 속에서 인식하는 것이 아니라, 꿈의 내용을 통해 실재를 보여주는, 반쯤 꿈꾸는 듯한 인식 방법이었습니다. 그런데 그런 영혼적 내용은 오늘날 말하는 표상처럼 추상적 성격이 아니라 *구체적인* 특성을 가집니다.

4   우리는 다시 그런 영혼적 내용을 얻어야 하지만, 그것은 오늘날 인류가 도달한 발달 상태에 알맞게 완전한 의식 안에서 이루어져야 합니다. 과학적 사고를 할 때와 같은 의식 상태를 말하는 것입니다. 인지학 연구는 초감각적 인식의 첫 번째 단계, 즉 이미지적 의식 상태(imaginativer Bewusstseinszustand)에서 영혼적 내용에 도달하는 것을 목표로 합니다. 그것은 명상적 영혼수련법(meditatives Seelenverfahren)을 통해 이루어집니다. 이를 통해 영혼 생명의 모든 힘은 일목요연한 표상들을 향하도록 조정되며, 그 표상들에 머무는 상태로 유지됩니다. 그런 영혼 수련을 충분히 오래 되풀이하면, 나중에 우리는 그 체험을 통해 영혼이 *신체로부터 놓여난*(leibfrei) 것을 알아차리게 됩니다. 우리는 일상적인 의식 상태에서 이루어지는 모든 사유가 정신적 활동의 잔영임을 확실히 깨닫습니다. 정신적 활동은 그 자체로는 의식되지 않지만, 사람의 물질적 유기체를 정신적 활동의 진행 과정에 끌어들임으로써 의식되는 상태로

22

바뀝니다. 모든 일상적인 사유는 물질적 유기체 안에서 모방된 초감각적인 정신 활동에 완전히 종속되어 있습니다. 하지만 여기서는 물질적 유기체가 의식하도록 허용한 것만이 의식됩니다.

5   정신의 활동은 명상을 통해 물질적 유기체로부터 해방됩니다. 그렇게 되면 영혼은 초감각적인 방법으로 초감각적인 것을 체험합니다. 이제 영혼적 체험은 더 이상 물질적 유기체 안이 아니라 에테르 유기체 안에서 이루어집니다. 이때 상상하기(Vorstellen)는 그림을 보는 듯한 성격이 됩니다.

6   *이런 상상하기*에서는 여러 힘의 상이 우리 앞에 나타납니다. 이 여러 힘은 초감각적인 것에서 나와서 유기체에 생장의 원동력으로 주어지는 동시에 섭생 과정을 지배하는 규칙에도 영향을 미치는 바로 그 힘들입니다. 이것이 생명력에 대한 진정한 *이해*의 단계, *이미지를 통한 인식*(imaginative Erkenntnis)의 단계입니다. 우리는 이런 방식으로 사람의 에테르적 유기체 안에서 살아갑니다. 그리고 우리 자신의 에테르적 유기체를 가지고 에테르적 우주 안에서 삽니다. 에테르적 유기체와 에테르적 우주 사이에 있는 우리 몸이 이 세상의 사물을 물질적으로 숙고할 때 주관과 객관의 경계를 나누는 것과 같은 분명한 경계가 없습니다.

7   우리는 이미지를 통한 인식으로 체험함으로써 옛 철학에 담긴

내용의 실재성을 추체험(Nacherleben)할 수 있습니다. 아니면 새로운 철학을 구상할 수도 있습니다. 실재에 관한 철학의 구상은 이미지를 통한 인식으로만 실현할 수 있습니다. 일단 그런 철학이 만들어지면, 일상적인 의식은 그것을 파악하고 이해할 수 있게 됩니다. 왜냐하면 그런 철학은 이미지를 통한 체험을 기반으로, 정신의(에테르적) 실재에서 나온 형태와 일상의 의식을 통해 그런 실재의 내용을 *추체험*할 수 있는 형태로 설명하기 때문입니다.

8   우주론에는 좀 더 고차적인 인식활동이 있어야 합니다. 그런 인식 활동은 명상을 확장함으로써 가능해집니다. 그렇게 하면 우리는 영혼적 내용 안에서 제대로 평온함을 얻을 뿐 아니라, 명상으로 얻는 영혼적 내용을 의식에서 완전히 제거한 뒤, 그렇게 내용을 완전히 비운 영혼적 평온 안에서 완전한 의식 상태로 흔들림 없이 머물게 됩니다. 이런 과정을 더 깊이 이끌고 가면, 우주의 정신적 요소는 내용 없이 텅 빈 영혼생명 안으로 흘러들게 됩니다. 이제 우리는 *영감에 의한 인식*(inspirierte Erkenntnis) 단계에 도달하는 것입니다. 이것은 감각이 물질적 우주를 보듯 우리가 정신적 우주를 보는 단계입니다. 정신적 우주의 힘들 안에서, 사람과 우주 사이에서 *정신적*으로 이루어지는 호흡 과정에 도달하게 되는 것입니다. 이 호흡 과정에서, 그리고 그밖의 리듬적인 호흡 과정에서, 우리는 사람의 아스트랄적 유기체에 존재하는 정신적인 것의 물질적 모상

을 발견하게 됩니다. 이 아스트랄적 유기체의 실체가 어떻게 이 지상의 생명을 벗어나 정신적 우주 안에 있을 수 있는지, 그리고 그것이 어떻게 태아기와 탄생을 거쳐 물질적 유기체라는 외형을 갖추었다가 죽음을 통해 다시 그 외형을 버리게 되는지를 이해하게 됩니다. 이런 인식을 통해, 우리는 지상에서 일어나는 유전이라는 현상과 사람이 정신적 세계에서 가져온 것을 구별할 수 있습니다.

9   이렇게 우리는 영감에 의한 인식을 통해 사람을 영혼적이고도 정신적 존재자로 포괄하는 우주론에 도달합니다. 영감에 의한 인식은 아스트랄적 유기체 안에서 완성됩니다. 우리의 몸을 벗어난 정신의 우주 안에서 존재를 체험함으로써, 우리는 영감에 의한 인식을 얻습니다. 그런데 그 인식은 거울에 비친 상처럼 에테르 유기체(Äther-Organismus) 안에 그 모습을 드러냅니다. 우리는 그렇게 드러나는 모습을 인간의 언어로 옮겨 철학의 내용에 합치시키고, 그렇게 함으로써 우주적 철학을 얻습니다.

10   종교적 인식을 얻으려면 세 번째 것이 필요합니다. 영감에 의한 인식 안에 상으로서 그 모습을 드러내는 본질 안으로 깊이 들어가야 합니다. 그러려면 지금까지 설명한 명상에 더하여 *의지의 영혼적 수련*을 해야 합니다. 예를 들어 물질적 세계 안에서 일정하게 흘러가는 과정을 거꾸로, 즉 뒤에서 앞으로 상상해 봅니다. 그

로써 우리는 일상적인 의식 안에서는 행하지 않는 의지의 과정을 통해 우주의 외적 내용에서 영혼의 작용을 떼어내고, 영감을 통해 모습을 드러내는 본성 안으로 영혼을 침잠시키게 됩니다. 그러면 우리는 *진정한 직관*(wahre Intuition)에, 정신적 세계의 존재들과의 합치에 도달합니다. 직관의 이런 체험은 에테르적 사람만이 아니라 물질적 사람 안에도 그 모습이 비추어져, 그 모습 안에 종교적 의식意識의 내용이 만들어집니다.

11   이 *직관적 인식*(intuitive Erkenntnis)을 통해 우리는 현실에서는 정신적 세계 안에 깊이 가라앉아 숨은 "나"의 진정한 본성을 들여다보게 됩니다. 일상의 의식이 파악하는 '나'는 그 진정한 모습의 아주 미약한 잔영에 지나지 않습니다. 직관을 통해 우리는 미약한 잔영이 그 진정한 모습으로 신적 근원세계(göttliche Urwelt)의 일부분이 되어 신적 근원세계에 합쳐져 있음을 지각하게 됩니다. 그러면 우리는 또한 정신사람(Geistmensch), 곧 진정한 "나"가 어떻게 수면 중에 정신의 세계 안에 존재하게 되는지 통찰하게 됩니다. 수면 상태에서 물질적 유기체와 에테르적 유기체가 회복되기 위해서는 리듬적인 과정들이 필요합니다. 깨어 있는 상태에서 "나"는 이 리듬 안에, 그리고 이 리듬에 포함되어 있는 물질의 신진대사 과정 안에 살고 있습니다. 수면 상태에서는 사람의 리듬과 신진대사 과정이 물질적 유기체와 에테르적 유기체로서 하나의 생명 안에 있습니다. 그리고 아스트랄적 유기체와 "나"는 정신 세계 안에 존재합니

26

다. 영감적인 인식과 직관적인 인식 안에서 사람은 *의식하는 가운데* 이 세계로 옮겨집니다. 사람은 자신의 감각을 통해 물질의 우주 안에 사는 것과 마찬가지로 정신의 우주 안에 존재합니다. 그런 인식을 바탕으로 사람은 종교적 의식의 내용을 이야기할 수 있습니다. 그럴 수 있는 이유는 정신적인 것 안에서 체험한 것이 물질적이면서 에테르적 사람 안에 비추어져 언어로 표현될 수 있기 때문입니다. 이렇게 언어라는 표현 형식 안에는 일상적인 의식으로 사람의 정서가 종교적으로 받아들일 수 있는 내용이 있습니다.

12   이렇게 우리는 이미지적 인식으로 철학을 간파하고, 영감을 통해 우주론을, 직관을 통해 종교적 삶을 간파합니다. 지금까지 열거한 것들 말고도 우리를 직관으로 이끄는 것으로는 다음과 같은 영혼 수련이 있습니다. 우리가 보통은 전혀 의식하지 않은 채 한 해 두 해 지나가는 삶 안으로 개입해 들어가고, 그렇게 함으로써 이제까지는 갖지 않았던 습관을 의식적으로 가지거나 지금까지 가지고 있던 습관으로 바꾸는 것입니다. 변화에 필요한 노력이 크면 클수록, 직관을 통한 인식을 얻는 데는 더 유용합니다. 그런 변화는 우리 의지의 힘을 물질적이고 에테르적 유기체로부터 풀려나게 하기 때문입니다. 그렇게 우리는 의지를 아스트랄적 유기체에, 그리고 "나"의 진정한 모습에 연결시키고, 아스트랄적 유기체와 나를 *의식적으로* 정신세계 안으로 침잠시키게 됩니다.

13   근대에 이르러 인류의 정신적 발달에서 비로소 추상적 사고 (abstraktes Denken)라고 부를 수 있는 것이 형성되었습니다. 그 이전의 단계에서는 사람에게 *그런* 사고가 없었습니다. 추상적 사고는 사람의 자유가 발달하는 데 반드시 필요합니다. 자유가 있어야 사고의 힘이 상이라는 형태(Bildform)에서 풀려나기 때문입니다. 이로써 사람은 물질적 유기체를 통해서 사고할 가능성을 얻었습니다. 그런데 *그런* 추상적인 사고는 실재의 세계에 뿌리를 두고 있지 않습니다. 그것은 오로지 현상의 세계(Scheinwelt)에만 있습니다. 사람은 이 현상의 그림에 아무것도 더하지 않고도 자연에서 일어나는 일들을 *모사*할 수 있습니다. 사람에 의해 모사된 자연은 실재일 수도 있기는 합니다. 그 이유는 사유 과정에서 만들어진 모사 안에 있는 생명은 실재가 아니라 다만 현상이기 때문입니다. 그런데 이 현상의 사유에서 도덕적 자극들(moralische Impulse)도 사람에게 아무것도 강제하지 않는 방식으로 수용됩니다. 도덕적 자극들 자체는 정신 세계에서 기인하는 것이므로 실재입니다. 사람이 자신의 현상 세계 안에서 도덕적 자극을 체험하는 방식은 사람으로 하여금 *자유롭게* 그 도덕적 자극을 지향하도록 할 수도 있고 그렇게 하지 않을 수도 있습니다. 그런 도덕적 *자극*들 자체는 사람의 몸을 통해서나 영혼을 통해서나 그 사람을 강제하지 않습니다.

14   옛날에는 무의식적인 이미지의 인식, 영감적이고 직관적인 인식에 결부되어 있을 뿐 아니라 그 내용이 이미지적 상상, 영감, 직

관 자체처럼 *명료하게 드러나던* 사고가 물질적 유기체를 통해 이루어지는 추상적 사고로 바뀌는 과정에서, 인류는 발전합니다. 정신의 실체인 보이는 생명을 물질세계로 옮기는 *이* 추상적 사고 안에서 사람은 자연에 객관적 인식과과도덕적 자유를 얻을 가능성을 체험합니다. (이에 관해 좀 더 자세한 설명은 저의 저서 《자유의 철학》, 그리고 《어떻게 초감각적 세계의 인식에 도달할 것인가?》, 《신지학》, 《신비학 개요》 등의 글을 참조하시기 바랍니다.) 하지만 *다시금* 인간을 포괄하는 철학, 우주론, 종교에 이르기 위해서는, 의식적으로—그러니까 옛날의 꿈꾸는 듯한 예지와는 완전히 반대로—이미지적 상상, 영감, 직관 안에서 이루어지는 엄밀한 예지의 영역으로 들어가야 합니다. 추상적인 상상 활동(abstraktes Vorstellungsleben)이라는 영역에서 사람은 자신에 대한 온전한 의식에 도달합니다. 그로부터 인류의 발전을 계속하는 가운데 사람은 그 온전한 의식을 정신 세계에서 얻은 경험 안으로 인도해야 합니다. 그래야만 미래에도 인류가 진정한 발전을 이루게 될 것입니다.

III

이미지적 인식 방법,
영감과 직관에 의한
인식 방법

1   이미지적 인식이 이루어질 때, 사람의 내적 생명은 일상적인 의식과 다른 형태를 취합니다. 그리고 인간과 세계의 관계도 달라집니다. 사람들은 쉽게 개관할 수 있는 상상의 복합체(Vorstellungskomplex)에 영혼의 모든 힘을 집중시킴으로써 그 변화를 이끌어냈습니다. 이 상상의 복합체는 쉽게 개관할 수 있어야 하는데, 그래야 의식되지 않은 것으로부터 아무것도 명상에 개입하지 않게 됩니다. 명상에서는 모든 것이 영혼적 · 정신적인 것 안에서만 움직여야 합니다. 수학 문제를 풀려는 사람은 영혼적 · 정신적인 것만을 동원해야 함을 알 것입니다. 그런 과정에는 의식되지 않은 것, 그리고 감각이나 의지의 영향을 받은 상상의 기억(Vorstellungsreminiszenz)이 활동할 자리가 없습니다. 명상을 하는 경우도 마찬가지입니다. 명상을 위해 우리의 기억 안에서 꺼낸 상상을 동원한다면, 우리는 신체적인 것, 본능적인 것, 무의식적이면서 영혼적인 것을 동시에 얼마만큼이나 의식 안으로 불러 올려 생각에 의한 평온한 상태에서 영혼적 작용을 위해 사용해야 할지 모르게 됩니다. 그러므로, 명상의 내용으로는 영혼에게 완전히 낯선 것을 선택하는 것이 최선입니다. 노련한 정신 탐구자에게 조언을 구한

다면, 그런 탐구자도 그 점을 고려할 것입니다. 그는 아주 단순하면서도 우리가 한 번도 생각하지 못했던 것을 명상의 내용으로 제안할 것입니다. 그 내용이 이미 경험한 적 있거나 감각 세계의 정황에 상응하는 것이라도 상관없습니다. 우리는 외형적인 것을 모방하지 않으면서, 예를 들어 "지혜가 빛 안에서 흘러나오듯 살아 있다"는 것처럼 선명한 그림을 제시하는 상상을 선택할 수 있습니다. 그런 상상의 복합체 안에서 평온하게 머무는 것이 결정적으로 중요합니다. 평온한 상태에서는 우리의 정신적·영혼적인 힘들이 강해집니다. 일을 하면 근육이 강해지는 것처럼 말입니다. 그러면 명상 시간이 갑자기 짧아질 수 있습니다. 하지만 명상은 오랜 기간 반복해야 효과를 냅니다. 각자의 소질에 따라 어떤 사람에게는 몇 주 만에 효과가 나타나고, 또 어떤 사람에게는 몇 년이 걸리기도 합니다. 실제로 정신 탐구자가 되기를 원하는 사람은 그런 훈련을 아주 체계적이고 집중적인 방식으로 지속해야 합니다. 여기서 제시한 방식으로 명상을 진행함으로써 우선 얻게 되는 것은, 명상하는 사람이 자신의 내적 생명을 통해 보통 사람의 건전한 지성보다 더 확실하게 정신 탐구자의 언명을 통제할 수 있다는 것입니다. 물론 솔직하고 편견에 사로잡히지 않았다면 보통의 건전한 지성으로도 충분히 통제할 수 있지만 말입니다.

2   명상을 제대로 하기 위해서는 강인한 성격, 내적 진정성, 영혼 생명의 평온함, 빈틈 없는 신중함 등이 있어야 합니다. 영혼이 이

런 자질을 갖추어야 명상에서 이루어지는 과정이 사람의 전체 기관에 점차로 영향을 끼치게 되기 때문입니다.

3   그런 수련이 제대로 된 효과를 내기 시작하면, 우리는 에테르적 유기체 안에서 자신을 체험하게 됩니다. 우리의 사고 체험에 새로운 형식이 주어지는 것입니다. 이제 우리는 사고를 이전처럼 추상적인 형식으로서만 아니라 그 사고 안에서 힘을 감지할 수 있는 형식으로서도 경험합니다. 이전에 체험한 사고는 오로지 "수동적으로 생각하게 되는" 것이었습니다. 다시 말해서 그것은 행위로 이끄는 힘이 없는 사고였습니다. 그에 반해 이제 체험하게 되는 사고는 사람을 아이에서 어른이 되게 하는 성장의 힘과 같은 능력이 있습니다. 그런 이유 때문이라도 명상은 올바른 방법으로 행해져야 합니다. 왜냐하면, 의식 아래 숨어 있는 힘이 명상에 끼어들면 명상은 빈틈없는 신중함을 유지하는 가운데 순수하게 영혼적·정신적으로 이루어지는 행위가 되지 못하고, 그러면 자연적인 생장력처럼 사람 자신의 물질적 유기체에 개입되는 자극들이 생겨날 수 있습니다. 어떤 종류든 그런 자극은 생겨서는 안 됩니다. 명상을 통해 사람의 물질적이고 에테르적인 유기체는 그런 자극의 간섭을 받아서는 안 됩니다. 올바른 명상은 우리로 하여금 새로이 만들어진 사고력의 내용과 더불어 자신의 물질적이고 에테르적인 유기체의 *바깥*에서 살도록 인도합니다. 에테르 체험(Äther-Erleben)이 생기는 것입니다. 그러면 자신의 물질적 유기체는 상대적인 객관

33

성에 상응하는 개인적 체험을 하게 됩니다. 우리가 자신의 물질적 유기체를 통찰하면, 그것은 우리가 에테르 안에서 사고라는 형식으로 체험한 것을 되비추어 보여줍니다.

4 명상하는 사람이 언제든 원하는 대로 에테르 속에서의 현존과 자신의 물질체 사이를 넘나들 수 있는 상태에 도달한다면, 그것은 바람직한 체험입니다. 우리를 강제로 에테르적 상태로 몰아가는 무엇인가가 있다면, 그것은 올바른 상황이 아닙니다. 우리는 완전히 자유롭게 자신의 내면 또는 외면으로 향할 수 있어야 합니다.

5 그런 내적 노력으로 얻을 수 있는 첫 번째 체험은 이 지상에서 흘러가버린 자신의 삶을 주시하는 것입니다. 이때 우리는 자신이 유년기부터 지금까지 어떻게 형성되어 왔는지를 성장의 힘을 통해 보게 됩니다. 성장의 힘으로 압축된 사고의 형상 속에서(in Gedankengebilden) 지상의 삶을 들여다보게 되는 것입니다. 이때 우리는 그저 자신이 살아온 삶에서 기억으로 남은 장면들을 보는 것이 아닙니다. 그보다는 일상적인 의식 없이 자기의 본질 안에 등장하는 에테르적인 체험 사실들을 상으로 보는 것입니다. 우리의 의식 안이나 기억 속에 살아 있는 것은 실제로 벌어지는 사건에 따라오는 추상적 현상에 지나지 않습니다. 그런 현상은 깊은 곳에서 일어나는 일의 결과로 그 표면에 생기는 움직임 같은 것입니다. 그렇게 우리는 지상에서 사는 시간이 흘러가는 가운데 우리 자신의

에테르 유기체가 일으킨 작용과 움직임을 개관합니다.

6   지상의 삶과 함께 흘러간 시간의 경과를 주시하면, 에테르적 우주가 그 사람에게 어떻게 작용하는지가 드러납니다. 우리는 그 작용을 철학의 내용으로 체험할 수 있습니다. 그것이 지혜이지만, 추상적 형태의 개념이 아니라 우주에서 일어나는 에테르작용(Ätherwirken)의 형태로 된 지혜입니다.

7   일상적인 의식에서는 아직 말도 배우지 못한 아주 어린 아이만이 우주와의 관계라는 면에서 제대로 이미지로 상상하는 사람인 것입니다. 하지만 이 어린 아이는 아직 전반적인 성장의 (에테르적) 힘으로부터 사고력을 생성해내지 못한 상태입니다. 그런 능력은 언어를 배우면서 비로소 생겨납니다. 언어를 배우는 과정에서는 이미 전부터 있던 보편적인 성장의 힘들로부터 추상적 사고력이 생성됩니다.

8   그렇게 사람이란 존재는 추상적인 사고력을 갖추고 살아가게 됩니다. 그러나 그 사고력은 물질적 유기체에만 있을 뿐, 에테르존재(Ätherdasein)안으로 받아들여지지는 않았습니다. 그래서 사람은 자신과 에테르의 관계를 의식하지 못합니다. 이미지로 상상하는 사람은 자신과 에테르의 관계를 의식하는 법을 배웁니다.

9   아주 어린 아이는 의식하지 못하는 철학자이며, 이미지로 상상하는 철학자는 다시 어린 아이가 되어 온전한 의식으로 깨어납니다.

10   영감의 수련을 통해 이미지의 상상을 키운 이전 능력에 새로운 능력이 더해지는데, 그것은 명상을 하는 우리에게 평안을 제공했던 상들을 다시 의식 바깥으로 내보내는 것입니다. 확실하게 강조해 둘 점은 이전의 명상에서 임의대로 취했던 상들을 여기서 다시 완전히 임의대로 제거하는 그 능력을 개발해야 한다는 것입니다. 임의대로 의식 안으로 옮겨졌던 표상들을 제거하는 것만으로는 충분치 않습니다. 명상을 통해 얻었던 상들을 제거하는 데는 다른 방법을 통해 의식 안으로 들어온 상들을 제거하는 것보다 더 큰 영혼적 에너지가 있어야 합니다. 그리고 이 더 큰 에너지는 우리가 초감각적인 인식으로 나아가는 데 필요한 것입니다.

11   나아가 우리는 이런 방법으로 깨어 있는, 그러나 동시에 완전히 텅 빈 영혼생명에 도달하게 됩니다. 우리는 의식이 깨어 있는 상태를 굳게 유지합니다. 그런 상태를 충분히 사려 깊게 체험하면, 영혼은 물질적 · 감각적인 사실들(physisch-sinnliche Tatsachen)로 충만해지는 것과 마찬가지로 정신 세계의 사실들로 충만해집니다. 그것이 영감의 상태입니다.

12   우리는 물질적 유기체 안에서 내적 생명을 체험하듯 우주 안에서 내적 생명을 체험하게 됩니다. 그런데 우리는 자신 안에서 우주적 생명 자체를 체험하여 알게 되고, 우주의 정신적인 것들과 과정들이 자신의 내적 영혼에 나타난다는 것을 압니다. 이때 언제든 임의로 우주의 내적 체험을 일상적인 의식과 바꿀 가능성은 여전히 남아 있을 것입니다. 그렇게 되면 우리는 영감으로 체험하는 것이 일상적인 의식 안에서 체험하는 것에 연결됨을 알 수 있습니다. 우리는 감각적으로 인식한 우주 안에서 정신적으로 체험한 것들의 모상을 보게 됩니다. 그 과정은 우리가 삶의 새로운 체험과 기억 안에 남아 있다가 의식 안으로 떠오르는 상을 서로 비교하는 과정과 유사합니다. 우리가 얻게 되는 정신적 통찰이 새로운 경험이라면, 우주에 대한 감각적 통찰은 기억 속에 남아 있는 상과 같은 것입니다.

13   이런 방식으로 우주에 대해 얻는 정신적 통찰은 이미지에 의한 통찰과는 다릅니다. 이미지에 의해 통찰할 때는 에테르적 현상에 대한 일반적인 상들이 만들어집니다. 영감의 경우에는 에테르적인 현상을 지배하는 정신적 본질에 관한 상들이 생겨납니다. 물질적 감각의 세계에서 태양, 달, 행성, 별이라고 알고 있는 것들을 우주적 본질로 다시 발견합니다. 그리고 우리 자신의 영혼적·정신적 체험은 이 우주적 실재 세계가 지배하는 영역에 포함됩니다. 그래야 사람의 물질적 유기체가 비로소 이해 가능한 것이 됩니다. 왜

냐하면 사람의 형상과 그 생명에 영향을 미치는 것은 사람의 감각 안에 들어오는 것만이 아니라 감각세계의 사실들을 창조하고 관할하는 실체들이기 때문입니다. 일상적인 의식은 그렇게 영감을 통해 경험하는 어떤 것에도 접근할 수 없습니다. 사람이 자신의 호흡 과정을 지각 과정처럼 체험하게 되면, 사람은 그 실체들을 의식하게 될 것입니다. 일상적인 의식으로는 우주가 사람과 세계를 지배한다는 것에 대해서 아무것도 알 수가 없습니다. 요가 철학은 우주론을 지향하는 가운데 호흡 과정을 지각 과정으로 전환하려고 노력합니다. 현대의 서양 사람들이 과거의 요가 호흡을 흉내 내야 하는 것은 아닙니다. 인류의 발달 과정에서 현대인은 *그런* 요가 수련들이 전혀 가능하지 않은 상태에 이르렀기 때문입니다. 현대인은 요가 수련으로는 자신의 몸을 절대로 벗어나지 못할 것이고, 따라서 물질적 유기체와 에테르적인 유기체를 건드리지 않고 그대로 두어야 한다는 조건을 채우지 못할 것입니다. 요가는 인류의 발전 과정에서 이미 지난 시기에나 알맞는 수련법입니다. 요가 수련을 통해 얻은 것은 이제는 앞서 설명한 영감에 의한 인식 방법으로 얻어야 합니다. 그렇게 하면 옛날에 사람들이 깨어있는 꿈 상태로 체험했던 것을 온전한 의식 상태에서 체험하게 될 것입니다.

14   철학자가 완전한 의식을 갖춘 어린 아이라면, 완전한 의식을 지닌 우주론자는 이전 시대의 사람이 되어야 하는데, 그 시대에는 우주 정신을 자연적 능력으로 통찰할 수 있었던 것입니다.

15   직관 안에서 사람은 지난 번에 설명한 의지 수련을 통해 의식 안에서 우주적이고 정신적인 본질의 객관적 세계로 완전히 들어갑니다. 그렇게 되면 그 사람은 지상에 처음 등장했던 근원인류만이 했던 것과 같은 경험의 상태에 도달합니다. 근원인류는 자신의 신체적인 활동에 연결되어 있는 만큼이나 우주적 환경의 내적 상태와 연결되어 있었습니다. 그들은 *이런* 신체 활동에 대해 근대 사람들처럼 완전히 무의식적인 상태가 아니었습니다. 그들의 신체 활동은 그들의 영혼에 비춰졌습니다. 당시 사람들은 자신의 성장과 신진대사를 영혼적으로는 깨어있는 꿈의 장면들로 체험했습니다. 그리고 그런 방식으로 경험한 것으로 인해 그들은 자신을 둘러싼 우주를 자신의 정신적이고 내적인 존재와 함께 꿈꾸듯 느끼면서 지각할 수 있었습니다. 당시 사람들은 꿈꾸는 듯한 직관(traumhafte Intuition) 능력이 있었는데, 그런 직관은 오늘날 그 분야에서 특별한 재능을 지닌 사람에게서 잔영으로만 남아 있을 뿐입니다. 근원인류의 의식을 둘러싼 환경은 물질적인 동시에 정신적이었습니다. 반쯤 꿈꾸듯이 경험한 것은 당시 사람들에게는 종교적 계시였습니다. 그 계시는 당시 사람들의 일상적인 삶과 직접적인 연장선상에 있었습니다. 이렇게 근원인류가 꿈꾸듯 정신 세계의 체험을, 근대인들은 전혀 의식하지 못합니다. 그런 체험을 완전한 의식 안으로 끌어들이는 사람은 초감각적이고 직관적으로 인식하는 사람입니다. 그렇게 함으로써 그는 세계에 관한 의식이 종교의 내용이었던 근원인류의 상태로 되돌아갑니다.

16   철학자가 완전한 의식을 가진 아이이고 우주의 탐구자가 인류의 발달 과정에서 완전한 의식 발달의 중간 시기쯤에 살았던 것처럼, 오늘날의 의미로 종교적으로 깨달은 사람은 다시 그 근원인류와 비슷합니다. 다만 오늘날 그런 사람은 근원인류처럼 꿈꾸듯 정신적 세계를 인식하는 것이 아니라 완전한 의식 안에서 인식한다는 점이 다릅니다.

IV

인식의 수련과
의지의 수련

1   영감에 의한 인식을 개발하기 위해서는 명상에서 또는 명상 과정의 결과로 의식 안에 등장하는 상들을 의식으로부터 완전히 제거하는 것을 기초적 수련으로 삼아야 한다고 했습니다. 하지만 이 수련은 다른 수련을 위한 준비에 지나지 않습니다. 첫 수련에서 그런 상들을 의식 밖으로 몰아냄으로써 우리는 지난 번에 설명한 것처럼 우리 자신의 삶의 과정 전체를 개관할 수 있게 됩니다. 또한 정신의 우주가 에테르적으로 운행되어 정신적 우주를 관조하는 상태에 이를 수 있습니다. 우리는 인간에게 투사된 상으로부터 우주가 에테르적으로 살아있는 모습을 알게 됩니다. 또한 이어지는 현상들 안에서 우리가 유전되리라고 예상하는 모든 것이 어떻게 조상의 물질적 유기체로부터 후대의 물질적 유기체로 옮겨가는지를 봅니다. 그뿐 아니라 우리는 어떻게 에테르적 우주가 에테르적 유기체에서 일어나는 일들에 계속해서 영향을 미치는지 보게 됩니다. 이런 영향은 유전과 대립합니다. 그런 것들은 개개인에게 일어나는 일입니다. 그런 것들을 꿰뚫어 보는 것은 교육자에게는 대단히 중요합니다.

2   초감각적인 인식을 더 개발하려면 이미지 작용에서 생긴 상들을 제거하는 수련을 계속해야 합니다. 그렇게 함으로써 우리는 이미지적인 상들을 제거할 영혼적 에너지를 강화할 수 있습니다. 왜냐하면 우리는 우선은 탄생부터 살아온 인생을 개관하게 될 뿐이기 때문입니다. 이 단계에서 우리는 사람의 영혼적·정신적인 것을 확인하지만, 그것이 이 사람의 물질적 생명을 넘어서는 현존인지는 말할 수 없는 어떤 것입니다.

3   영감을 위한 이런 수련들을 더 이어가면, 이미지적인 상들을 계속 만들어갈 힘이 점점 커지게 됩니다. 그러면 이 힘은 점점 커져, 우리가 자신의 삶에 관한 전체상을 의식으로부터 지울 수 있도록 합니다. 그렇게 되면 우리는 우리 자신의 물질적이고 에테르적인 인간 본질의 내용으로부터도 해방된 의식에 도달합니다.

4   이렇게 좀 더 높은 정도로 비워진 의식 안에는 이제 더욱 고차적인 영감(höhere Inspiration)이 생기고, 이를 통해서 영혼적·정신적인 본성을 보여주는 어떤 상이 등장합니다. 그 상은 사람이 영혼적·정신적인 세계를 벗어나 물질적 세계로 들어가 수정과 태아기 과정을 통해 신체와 결합하기 이전의 본질에 대한 상입니다. 그 상에서 사람은 아스트랄적 기관인 동시에 "나"라는 기관이 어떻게 에테르적 우주에서 생긴 에테르적 조직의 외형을 갖추는지, 또 어떻게 물질적 유전 과정에서 생긴 물질적 기관이라는 외형을 갖추는

44

지 이해하게 됩니다.

5   그런 방식으로 비로소 우리는 지상에 현존하는 동안 영혼의 사고와 감정과 의지의 잔영 안에 살아가는 사람의 영원한 존재의 핵을 인식합니다. 그런 방식으로 우리는 사고의 진정한 성질 또한 알게 됩니다. 사고의 진정한 본질은 지상의 현존 안에 제대로 된 모습으로 전혀 들어 있지 않은 것입니다.

6   우리가 사람의 시신을 본다고 생각해봅시다. 그 시체는 사람의 형상과 사지를 갖추고 있습니다. 하지만 생명은 사라지고 없습니다. 시체의 그런 본질을 이해한다면 시체를 근원적인 그 무엇이라고 생각하지 않을 것입니다. 살아 있는 물질적 사람이 남겨진 것으로 인식할 뿐입니다. 시체를 둘러싼 외적 자연의 힘들은 그 시체를 파괴할 수 있을 뿐, 시체를 다시 살아나게 할 수는 없습니다. 이와 비슷한 방식으로 더 높은 관조 단계에서 우리는 깨닫게 됩니다. 지상에서 하는 사고는 사람이 정신적·영혼적 세계(geistig-seelische Welt)에서 살다가 지상의 존재로 넘어가기 전에 살아 있는 것으로서의 사고에 남겨진 시체와 같은 것입니다. 바로 지상에서 일어나는 사고의 본질은 시체를 지배하는 힘들로 구성된 사람이라는 유기체의 형태만큼이나 그 자체로 이해하기 힘듭니다. 지상의 사고를 *제대로* 인식하려면, 우리는 그것이 죽은 사고임을 인식해야 합니다.

7   그런 인식을 향해 간다면, 우리는 지상에서의 행위하기(das Wollen)의 본질도 들여다보게 됩니다. 이때 우리는 이 지상적 행위의 본질을 영혼을 구성하는 요소 가운데 일종의 *나중에 생긴* 부분으로 파악합니다. 행위 뒤에 숨겨져 있는 것과 사고의 관계는 아주 어린 아이의 물질적 유기체와 죽어가는 노인의 물질적 유기체의 관계와 같습니다. 다만 영혼에 있어서는 어린 시절의 아이와 노인, 곧 시체와 같은 존재가 *차례대로* 나타나지 않고 동시에 *나란히* 나타난다는 점이 다릅니다.

8   그렇지만 지금까지의 설명은 지상의 삶에서 겪는 경험에서만 관념을 이끌어내는 *철학*으로 간주될 수 있습니다. 그런 철학은 자신의 내용을 오로지 죽은 것과 죽어가는 것에서만 얻습니다. 그래서 철학의 의무는 사고 세계의 죽은 성격을 인식하는 것이고, 그런 죽은 것으로부터 그 이전에 있었던 살아 있는 것을 *추론해내는* 것입니다.

9   물질적 사람이 개념을 통해 증명해내는 방법에서 벗어나지 못하는 한, 우리는 그와는 다른 것은 아무것도 행할 수 없게 됩니다. 그러므로 온전히 인간의 지적 능력에 의존하는 이런 철학은 영혼의 진정한 본질에 겨우 간접적인 방식으로만 도달할 수 있습니다. 그런 철학은 인간 사고의 본성을 탐구할 수 있고, 그 사고에서 죽어가는 내용만을 알아낼 수 있습니다. 그러면 이런 지적 철학은,

시체를 보고 그것이 산 사람이었음을 유추할 수 있는 것처럼, 죽은 것이 살아 있는 것을 암시한다는 사실을 간접적으로 언급할 수 있습니다.

10   진정으로 영혼적인 것에 대한 참된 통찰에 도달할 수 있는 것은 오로지 영감에 의한 인식(die insprierte Erkenntnis)뿐입니다. 영감을 얻기 위해 행하는 영혼 수련을 통해 우리는 사고-시체를 어떤 의미로는 다시 살려낼 수 있습니다. 그런 수련을 통해 완전히 지상의 존재가 시작되기 전의 상태로 완전히 돌아갈 수는 없지만, 그런 상태의 진정한 상을 우리 안에 살려 낼 수 있으며, 그 상태의 본질로부터 우리는 지상의 삶 이전의 존재로부터 뿜어져 나와 지상의 존재를 비추는 상을 인식하게 됩니다.

11   의지 수련(Willensübung)으로 직관을 함양하면, 지상에 사는 동안 생각 속에서 죽어버린 지상의 삶 이전의 현존이 잠재의식 안에서 다시 살아납니다. 이 의지 수련으로 사람은 물질적이고 에테르적인 유기체를 벗어나 정신의 세계(die Welt des Geistigen)로 들어가게 해 주는 상태로 옮겨갑니다. 그러면 사람은 몸이 소멸된 뒤의 현존을 체험합니다. 그렇게 되면 그는 사람이 죽는 순간에 어떤 일이 일어나는지를 미리 주시하게 됩니다. 이 통찰을 바탕으로 그는 죽음이라는 과정을 통과한 뒤 영혼적·정신적인 것이 지속됨을 말할 수

있습니다.

12   지적 능력에만 의존하는 개념철학은 오로지 간접적인 방식으로만 영혼 불멸을 인정하는 단계에 도달할 수 있습니다. 그런 철학은 생각 속에서 시체와 같은 것을 알아차리는 것과 마찬가지로 행위 안에서 싹과 같은 것을 확인하는데, 그 싹은 그 안에 몸과 분리된 이후의 상태를 보여주는, 자신 안에서 계속되는 생명을 포함하고 있습니다. 왜냐하면 그렇게 생명을 포함하고 있는 싹과 같은 것은 지상에서 현존하는 동안에도 이미 지상의 현존과 무관함을 보여주기 때문입니다. 생각 속에 머물러 있지 않고 영혼적 생명 전체를 자기 체험(Selbst-Erlebnis)으로 끌어들이는 방식으로, 우리는 인간의 영원한 본질의 핵을 간접적으로 인정하게 됩니다. 이를 위해서는 우리의 관점을 사고에 국한시킬 필요 없고, 철학적 증명 방법의 다른 영혼적 힘들과 사고의 상호작용을 따르면 됩니다. 그런데 이를 통해 우리가 얻는 것은 사람 본질의 영원한 핵을 체험하는 것뿐 입니다. 지상의 존재로서는 지상의 삶 이전과 이후에 사람이 정신적·영혼적으로 어떤 상태인지 알게 되는 데까지는 도달할 수 없습니다. 예를 들어 베르크손의 철학*에서도 마찬가지입니다. 그의 철학에서 중요한 바탕을 이루는 것은 지상의 삶에서 얻을 수 있는 포괄적인 자기 체험에 바탕을 두면서도 진정한 초감각적인 인식의 영역을 벗어나지는 않는 것입니다.

---

* 앙리 베르크손Henri Bergson(1859–1941). 루돌프 슈타이너 저 《철학의 수수께끼. 철학사 개요》, GA 18.

13   그저 일상적인 의식 안에 머물기를 원하는 모든 철학은 사람의 영혼에 있는 참된 본질에 대해서는 오로지 간접적으로만 인식할 수 있습니다.

14   사람의 본질 전체까지도 포괄하는 *우주론*은 이미지, 영감, 직감을 통해서만 인식에 도달할 수 있습니다. 일상적인 의식의 범위 안에서 우주론 앞에 놓인 것은 사람의 영혼생명에서 죽어가는 것과 다시 살아날 조짐을 보이는 것에 대한 증거들뿐입니다. 이런 사실들을 바탕으로 우주론은 아무것에도 얽매이지 않는 관찰을 통해 우주적인 것을 보여주고 추론해내는 관념들을 만들어낼 수 있습니다. 이 관념들이 정신적 우주로부터 사람의 내면으로 투사되거나 그 밖의 다른 형태로 사람의 내면에 등장한 유일한 것들입니다. 옛날 철학에는 우주론이라고 할 만한 부분이 있었습니다. 그런 우주론의 실질적인 내용만 보면, 거기에는 옛 우주론의 전통적인 형태에 담겨 있던 관념들이 대단한 정도로 추상화되어 있었습니다. 꿈과 같은 이미지와 영감과 직관이 살아 있던 옛날에는 인류가 그런 관념을 가지고 있었습니다. 사람은 그런 전통적인 관념을 가져다가 지적 능력에만 의존하는 논리적, 변증법적 증명법을 구성하는 데 사용했습니다. 그 과정에서 사람은 그런 관념이 옛 우주론에서 전승된 것이라는 사실을 잊은 적도 많았습니다. 그런 관념을 스스로 만들어 냈다고 착각한 것입니다. 시간이 지나면서 사람

은 새로운 시대의 정신생명이 그 관념들과 내적 생명이라는 면에서 연관되어 있지 않다는 사실을 깨달았습니다. 그래서 그런 "이성적 우주론"은 완전히 신뢰를 잃게 되었습니다. 그 때문에 이성적 우주론은 순수히 물질적 · 감각적인 자연 인식을 바탕으로 구축된 우주론, 객관적 관찰을 진행하기 위해 사람을 배제하게 된 물질적 우주론에 자리를 내주고 물러나야만 했습니다.

15   참된 *우주론*이 새로이 등장하려면, 먼저 이미지, 그리고 영감과 직관에 의한 인식을 인정하고 그런 인식의 결과를 세계의 인식을 위해 활용해야 합니다.

16   종교 영역에서 이루어지는 인식에 해당하는 것은 우주론에서 이야기한 인식과 마찬가지지만, 그 정도는 훨씬 더 높아져야 합니다. 종교의 영역에서 얻어야 하는 인식들은 정신적 세계의 체험에서 기인하는 것들입니다. 일상적인 의식에서 그런 내용을 유도해내는 것은 불가능합니다. 지성적 개념으로는 종교의 내용을 찾아낼 수는 없고, 오로지 설명할 수 있을 따름입니다. 사람들은 신의 존재를 증명하려고 노력하기 시작했는데, 그렇게 하려 했다는 사실 자체가 이미 사람들이 신성한 세계와의 *살아 있는* 관계를 잃어버렸음을 보여줍니다. 따라서 신의 존재에 관한 지적 증명이 만족스러운 방법으로 이루어질 수 없는 것입니다. 과거로부터 물려받

은 관념들 가운데 독자적인 사고를 통해서 하나의 체계로 만들어진 관념들 안에는 일상적인 의식을 공격하는 신학이 반드시 작동하고 있습니다. 옛 철학자들은 이 일상적인 의식에서 "이성적 신학"까지도 이끌어내려고 했습니다. 이 이성적 신학 자체는 전통적인 관념들을 바탕으로 하는 신학에 비해서 "이성적 우주론"보다 오히려 더 심한 정도로 이성적 우주론의 운명을 겪게 되었습니다. 하지만 직접적인 "신 체험"(Gott-Erleben)으로 등장한 것은 감정의 세계나 의지의 세계 안에 머무는 데 그치지 않고, 개념으로 증명하는 방법으로 발전하기를 회피하기까지 합니다. 철학 자체는 종교의 역사 안에서만 있었고 현재도 있는 종교 형태들 안에서 관찰을 실행하기로 했습니다. 철학이 이렇게 하기로 한 것은, 일상적인 의식을 통해서 물질적이고 에테르적인 유기체를 벗어나야만 체험할 수 있는 것에 관한 관념들에 도달하지 못한다는 무력감 때문입니다.

17   종교적 삶을 위한 새로운 인식 근거를 얻으려면, 이미지와 영감과 직관에 의존하는 인식 방법을 받아들이고, 그런 인식의 결과들을 이런 삶을 위해 활용해야 합니다.

V

수면 중의
영혼 체험

1   오늘날 우리가 "무의식적으로" 또는 "잠재의식 안에서" 같은 말로 암시하려는 것은, 일상적인 의식 속에서 일어나는 영혼 체험들, 즉 지각하기(Wahrnehmen), 생각하기, 느끼기, 행동하기란 엄밀하게 보면 이런 의식 안에 포괄되지 않는 어떤 상태에 의해 결정된다는 사실입니다. 그런 체험에만 의존하려는 인식은 논리적 추론을 통해 그 "잠재의식 안에 있는 것"을 암시할 수 있습니다. 하지만 그런 인식은 오로지 암시하는 것으로만 만족해야 합니다. 무의식적인 것의 성질에 대해서는 아무것도 말할 수 없기 때문입니다.

2   앞선 강연에서 설명한 이미지, 영감, 직관에 의한 인식은 무의식적인 것의 특성들을 말해줄 수 있습니다. 이번에는 우리가 수면 중에 겪는 영혼 체험에 대해 이야기해보도록 하겠습니다.

3   수면 중의 영혼 체험은 일상적인 의식 상태에서는 일어나지 않습니다. 왜냐하면 그런 일상의 의식은 신체기관을 바탕으로 생기기 때문입니다. 잠을 자는 동안에는 영혼 체험은 우리 신체의 바깥에서 이루어집니다. 잠에서 깨어나면서 영혼이 신체의 도움을

받아 생각하고 느끼고 활동하기 시작할 때, 그 영혼은 자신의 기억을 통해 잠들기 전에 신체 기관을 바탕으로 일어난 일들에 연결됩니다. 이미지, 영감, 직관보다 앞서 등장하는 것이 수면 중의 체험입니다. 그런 체험은 기억을 되살릴 때처럼 나타나지 않고 영혼적인 관찰을 할 때 나타납니다.

4   이제부터 제가 서술하려는 것은 바로 그런 관찰에서 무엇이 모습을 드러내는가 하는 것입니다. 그런 관찰은 일상적인 의식 상태에서는 불가능하기 때문에, 아무런 준비 없이 그 서술에 접한다면 그것은 자연히 기괴하게 보일 것입니다. 하지만 앞의 설명에서 보여드린 것처럼, 그런 서술은 가능하고 또 이해할 수 있습니다. 그러므로 그런 서술을 두고 이러저러한 쪽에서 비아냥거린다고 해도, 저는 특징적인 여러 의식 상태에서 나타나는 것을 있는 그대로 서술해 봅니다.

5   먼저, 잠이 들면 사람은 내적으로 아무것도 규정되지 않고 다른 것과 구별되지 않은 존재가 됩니다. 그 상태에서는 자기라는 존재와 세계라는 존재의 차이를 체험하지 않습니다. 개별 사물이나 실체들 사이의 차이도 구별해서 체험하지 않습니다. 그 상태에서 사람은 보편적이면서 안개에 싸인 듯 모호한 존재입니다. 이미지적인 의식으로 끌어올려진 그런 모호한 체험은 자기를 느끼기(Sich-Erfühlen)라는 상태로 나타납니다. 무의식적으로 자기를 느끼는 것

안에는 세계에 대한 느끼기가 포함되어 있습니다. 이 단계에서 사람은 감각적 존재를 벗어나기는 했지만, 아직 완전히 다른 세계로 옮겨진 것은 아닙니다.

6 　　나아가 "느끼기"(Fühlen), "동경"(Sehnsucht)과 같은 표현을 동원해야 하겠습니다. 그런 표현은 일상적인 생활에서도 의식 안에 들어온 무엇인가를 가리킬 때 쓰입니다. 그런데 그 표현이 암시하는 것은 보통의 영혼 활동에서는 의식되지 않는 것들입니다. 영혼은 그것들을 잠자는 동안 현실적인 실재로 체험합니다. 예를 들어 *기쁨*이라는 것이 일상생활의 의식 안에서 어떻게 체험되는지 생각해보면 됩니다. 우리의 신체가 기쁨을 느끼면 모세혈관을 비롯해서 여러 가지가 확장되는 현상이 나타납니다. 이 확장이라는 현상은 실제적인 변화입니다. 그런 과정이 진행되면 의식 안에서는 기쁨을 체험합니다. 그런 식으로 영혼은 수면 중에 실제적인 것을 체험합니다. 이제 *그런* 체험을 그에 상응하는 이미지, 영감, 직관에 의한 의식의 체험과 결부된 표현으로 설명하려 합니다. 예를 들어 "동경"이라는 말을 한다면, 이 과정은 이미지적인 동경으로 나타나는 *실제적인 영혼의 작용*을 가리키는 것입니다. 그러니까 의식되지 않는 영혼의 무의식인 상태와 영혼의 체험을 *마치* 의식되는 듯 말하는 셈입니다.

7 　　규정되지 않고 구별되지 않은 어떤 것을 느끼는 것과 동시에

영혼 안에서는 정신적 · 신성적인 것 안에서 휴식하기를 원하는 어떤 동경이 생깁니다. 사람의 영혼은 규정되지 않은 것 안에서의 상실에 대항하는 힘으로 이 동경을 만들어냅니다. 영혼은 감각적 상태를 잃어버렸기 때문에, 영혼을 정신의 세계에서 끌어낼 어떤 상태를 열망하는 것입니다.

8   지금까지 설명한 영혼의 상태에 영향을 미치는 것은 꿈입니다. 꿈은 의식되지 않은 것과 반쯤 의식된 경험을 뒤섞습니다. 수면 중에 일어나는 체험의 진정한 면모는 일상적인 꿈을 통해서 분명해지는 것이 아니라 오히려 더 불분명해집니다. 이미지적인 의식의 순수성이 무의식 안에서 등장하는 꿈에 의해 방해를 받는 경우, 이미지적인 의식에도 이 불분명한 상태가 나타납니다. 우리는 앞선 강연에서 설명한 것처럼 *자유 의지 안에서* 행한 영혼 수련으로 이끌어낸 영혼의 상태를 통해 깨어 있는 상태의 저편에 있거나 또는 꿈의 저편에 있는 진실을 발견합니다.

9   영혼이 체험하는 다음 단계는 영혼 자체가 서로 다른 내적 현상들로 나뉘어진 상태입니다. 수면 상태에서 영혼이 체험하는 자기 자신은 하나의 통일체가 아니라 내적으로 다면적인 존재입니다. 이 상태에는 불안이 섞여 있습니다. 의식하는 가운데 이 불안을 체험하면, 영혼은 불안한 상태가 됩니다. 하지만 영혼은 이 불

안에 실제로는 반대되는 것을 밤마다 경험하는데, 영혼은 그것을 의식하지 못할 뿐입니다.

10   현대인들이 깨어 있을 때 체험하는 그리스도에 대한 믿음은 잠을 자는 상태에서 영혼을 치유하는 작용을 합니다. 이는 골고타의 희생이 있기 전에는 달랐습니다. 사람들은 깨어 있는 동안 자신의 신앙고백으로부터 치유의 도구를 받았고, 그 도구가 수면 상태에 등장해서 불안을 치유하는 약이 되었던 것입니다. 골고타 희생 이후의 시대를 사는 사람들에게 그런 역할을 하는 것은 그리스도의 생애와 죽음과 실체를 눈여겨보면서 얻은 종교적 체험입니다. 그런 사람들은 수면 중에 작용하는 그 체험의 도움으로 불안을 이겨냅니다. 불안이 사람 안에 있는 한, 그 불안은 깨어 있는 동안 신체가 체험하는 것처럼 수면 중에 영혼이 체험해야 하는 내적 주시를 방해합니다. 내적 분열과 다면성은 그리스도의 인도로 합일을 이루게 됩니다. 그러면 영혼은 깨어 있을 때와는 다른 내적 상태를 갖습니다. 이제 물질적이며 에테르적인 유기체도 이 영혼의 *외부 세계*에 속하게 됩니다. 그와는 반대로 수면 중인 상태의 내면에서 영혼은 행성 운동의 복제를 체험합니다. 개별적인 체험을 대신하는, 그리고 물질적이고 에테르적인 유기체에 의존하는 체험을 대신하는 우주적 체험이 영혼 안에 등장합니다.

11   수면 중에 영혼은 신체의 외부에 있게 됩니다. 그리고 영혼의

내적 생명은 행성 운동의 내적 복제입니다. 그런 내적 복제에 상응하는 내적인 것들을 앞에서 설명한 방식으로 영감에 의한 의식이 알아봅니다. 또한 이 의식은 영혼이 행성 운동의 체험을 통해 얻은 것이 어떻게 깨어 있는 상태에서도 영향을 미치는지를 간파합니다. 깨어 있는 동안 이 행성 체험은 호흡과 혈액순환의 리듬 안에서 일종의 자극이 되어 계속 영향을 미칩니다. 수면 중에는 물질적이고 에테르적인 유기체가 행성들로부터 나오는 자극의 여파에 영향을 받는데, 낮에 깨어 있는 동안 이 행성의 자극은 앞에서 설명한 방식으로 지난 밤의 여파로 몸을 지배합니다.

12   이런 체험과 나란히 이루어지는 다른 체험도 있습니다. 이 수면 상태의 영역에서 영혼은 지상의 삶에서 관계를 맺은 적이 있는 모든 사람의 영혼과 연결되어 있음을 체험합니다. 직관적으로 간파하여, 영혼 앞에 있는 모든 것은 반복된 지상의 삶에 관한 확증이 됩니다. 이는 영혼들과의 유사성 안에 이 지상에서의 삶들이 드러나기 때문입니다. 또한 영혼은 이 세계 안에 살면서도 한 번도 사람의 몸을 취하지 않은 다른 정신 존재들과의 연결도 체험합니다.

13   하지만 이 수면 단계에서는 선하거나 악한 경향, 지상의 존재라는 운명적 관계 안에서 하게 된 좋은 체험이나 나쁜 체험도 등장합니다. 옛 세계관들에서 카르마(업)라고 일컫던 것이 영혼 앞

에 나타나는 것입니다.

14 　수면 중에 일어나는 이 모든 것은 깨어 있는 낮의 상태에 영향을 미쳐서, 자기에 대한 전반적인 느낌, 내면의 기분, 행복감이나 불행감에 한몫을 합니다.

15 　수면 중의 다음 진행 단계에서는 앞에서 서술한 영혼 상태에 더하여 다른 상황이 나타납니다. 영혼은 자기 안에서 항성(恒星)의 모상을 체험합니다. 깨어 있는 상태에서 신체기관들(Körperorgane)이 그러하듯, 영혼이 별자리들의 모상을 체험하는 것입니다. 영혼의 우주 체험은 더욱 확장됩니다. 이제 영혼은 정신 존재들 사이에 있는 하나의 정신 존재인 것입니다. 직관은 앞의 설명에서 서술한 것과 같은 방식으로 태양을 비롯한 항성들을 물질적 형상을 갖춘 정신 존재로 인식합니다. 그런 상태에서 영혼이 체험하는 것은 깨어 있는 동안 영혼의 종교적 성향, 종교적 감정과 종교적 행위에 영향을 미칩니다. 실제로 영혼 깊은 곳에서 생기는 종교적 동경은 수면 상태에서 한 항성 체험이 깨어 있는 상태에 미치는 영향입니다.

16 　그러나 무엇보다 의미심장한 것은 이 단계에서 영혼 앞에 나타나는 것이 탄생과 죽음이라는 사실입니다. 영혼은 수정과 태아의 생명을 거치면서 물질체로 들어간 정신 존재로 자기 자신을 체

험하고, (의식하지 못한 상태에서) 죽음의 과정을 완전히 순수하
게 정신적·영혼적 세계로 옮겨가는 과정으로 체험합니다. 깨어 있
는 상태의 영혼은 탄생과 죽음이라는 외형적인 사건으로 감각에
나타나는 현실을 믿을 수 없는데, 이는 어떤 동경으로 인해 생기는
판타지를 담은 형상이 아니라 수면 중에 영혼 앞에 나타난 것을
어렴풋하게나마 추체험한 것입니다.

17   잠들 때부터 깰 때까지 의식하지 못한 상태에서 체험하는 모
든 것을 사람이 자신의 의식 안으로 불러 올릴 수 있다면, 감각적
인 현상들이 일반적인 내적 세계의 체험 안에서 소멸되고 일종의
범신론적인 신 의식이 등장하는 첫 번째 체험에서 사람의 의식은
철학적 관념들에 현실 체험을 더해주는 내용을 갖게 될 것입니다.
수면 중에 하는 행성 체험과 항성 체험을 의식하는 상태에서 하게
된다면, 그런 사람은 내용이 충실한 우주론을 알 수 있을 것입니
다. 그리고 항성 체험에서 알게 된 것을 통해 사람은 자신이 정신
적 존재들과 함께 있는 어떤 정신적 존재라는 결론을 내릴 수 있
을 것입니다. 잠드는 순간부터 시작해서 여러 수면 상태를 거치는
동안 내내, 사람은 실제로 자신도 의식하지 못하지만 철학자이며
우주론자이며 신으로부터 영혼을 부여받은 존재입니다. 다른 때에
는 오로지 꿈 속에서만 하는 체험의 어둡고 깊은 저변으로부터, 이
미지, 영감, 직관은 사람 자체가 어떤 존재인지, 어떻게 사람이 우
주의 일부인지, 그리고 신이 얼마나 속속들이 사람 안에 스며들어

있는지를 알게 합니다.

18   바로 앞에서 설명한 현상은 가장 깊은 수면 상태에서 일어납니다. 그곳에서부터 영혼은 다시 감각의 세계로 돌아갑니다. 영혼으로 하여금 이렇게 감각의 세계로 돌아가게 하는 자극을 통해 직관적 의식(das intuitive Bewusstsein)은 정신적 실체들의 영향을 인식하는데, 이 정신적인 실체들에 대립하는 감각적 실체는 달에 있습니다. 잠 자는 사람을 늘 다시 지상의 존재로 불러들이는 것은 달이 발휘하는 정신적 영향력입니다. 달의 *이런* 작용들은 초승달이라도 마찬가지입니다. 하지만 달의 모양에서 감각적인 외양이 변하는 사실은 탄생(수정)에서 죽음까지 사람을 지상의 존재로 묶어두는 달의 작용에는 의미가 있습니다.

19   가장 깊은 수면 상태가 지나고 나면, 사람은 그 직전에 겪은 동일한 상태들을 역순으로 거쳐서 깨어나게 됩니다. 깨어나기 전 사람은 또 한 번 신을 향한 동경과 함께 보편적인 우주의 현존을 체험하는데, 이때는 꿈이 등장하기도 합니다.

VI

사람의 발달 과정 중
영혼적·정신적 존재에서
감각적·물질적 존재로
옮겨가는 과정

1   앞의 강연에서는 영감과 직관에 의한 인식이 어떻게 사람 안에 있는 영원한 정신적·영혼적 본질의 핵을 통찰하게 하는지 설명했습니다. 그 과정에서 저는 사람의 내적 생명이 어떻게 우주적 현상의 복제로 채워지는지 강조했습니다. 어떻게 사람이 수면 중에 그런 우주적인 내적 생명을 의식하지 못하는 상태로 체험하게 되는지는 지난 번에 설명했습니다. 사람의 내면 세계는 외부 세계가 되고, 마찬가지로 외부 세계의 정신적 본성은 내면 세계가 되는 것입니다.

2   수면 상태에서 사람의 물질적 유기체와 에테르적 유기체는 영혼적·정신적 본성에게는 외부 세계입니다. 물질적 유기체와 에테르적 유기체는 깨어 있는 상태에서 되풀이하여 영혼적·정신적 사람(der seelisch-geistige Mensch)의 도구가 될 수 있는 방식으로 존재합니다. 수면 상태에서 사람은 이 두 가지 유기체를 향한 소망을 자신 안으로 받아들입니다. 지난 번 강연에서 말한 것처럼, 그 소망은 우주의 정신적 힘들과 연결되어 있으며, 이 우주의 정신적 힘들은 달과 연관된 현상에서 자신의 감각적 모상을 발견합니다. 사람

은 자신이 지상의 존재라는 사실을 통해서만 달의 힘에 지배됩니다. 순수한 정신 세계에 해당하는 바로 이 영혼적·정신적 사람은 온전히 지상의 삶을 향해 몰두하는 상태에서는 달이 가진 힘의 영향을 받지 않는다는 사실을 알게 됩니다.

3   그런 상태에서 그는 수면 상태와는 달리 사람의 물질적이고 에테르적인 유기체가 자신에게 속하는 것이라고 느끼지 못합니다. 하지만 사람은 완전히 다른 방식으로 그 유기체들을 체험합니다. 그것은 바로 우주적 세계들 안에서 자신의 근본을 체험하는 것입니다. 사람은 정신적 우주에서 자신의 물질적 유기체와 에테르적 유기체가 생성 변화하는 것을 체험합니다. 그는 하나의 정신적 우주를 통찰합니다. 이 정신적 우주는 나중에 생겨날 지상의 물질적 유기체의 배아에 있는 정신적 부분입니다. 이런 맥락에서 우리가 "배아"를 거론한다면, 이는 어떤 면에서는 물질적 세계라는 연관 관계 안에서 그렇게 불리게 될 것의 반대편에 있는 것을 가리킵니다. 그 경우 "배아"란 점점 성장해가는 형상의 작은 물질적 시초입니다. 지상에 오기 이전의 정신적 생명에서 사람이 자신의 실체와 연관되어 보았던 이 정신적 힘이라는 형상은 거대하면서도 계속해서 수축되어 결국에는 물질적 배아 부분으로 줄어들게 됩니다.

4   우리는 이 "거대하다", "작다"라는 표현의 상관관계에 주목해야 합니다. 그런데 이때 고려해야 할 점은, 정신 세계 안에서 이루

어지는 체험은 정신적이며, 그런 정신적인 것에는 물질적 사건이 일어날 공간이 존재하지 않는다는 사실입니다. 그러니 앞에서 사용한 표현은 결국 정신적으로, 즉 공간을 차지하지 않고 순수하게 질적으로 체험되는 것들을 묘사한 것에 지나지 않는다는 것입니다.

5   나중에 물질적 유기체가 될 정신적 배아인 우주적 형상을 체험하는 것은 사람이 지상의 삶 이전의 존재일 때입니다. 그리고 이 정신적 형상은 정신적 우주 전체와 하나가 된 것으로 관찰하여 체험되며, 동시에 그 형상은 사람 실체의 우주적 몸으로 나타납니다. 사람은 정신적 우주를 자기 본질의 힘이라고 느낍니다. 이 우주 안에서 *자신*을 체험한다는 사실로 인해 자신의 존재 전체가 지속되는 것입니다. 하지만 이때 사람은 자신*만*을 체험하는 것이 아닙니다. 왜냐하면, 이 우주적 존재는 나중에 자신의 물질적 유기체가 우주의 다른 존재와 분리되듯 그렇게 사람을 우주의 다른 생명에서 떼어내지 않기 때문입니다. 사람은 일종의 직관으로 우주적 생명을 마주합니다. 다른 정신적 존재들의 생명은 동시에 그 사람 *자신*의 생명이기도 한 것입니다.

6   사람은 미래의 물질적 유기체가 될 정신적 배아를 적극적으로 체험하면서, 지상의 삶 이전의 자기 존재를 알게 됩니다. 정신적 세계 안에서 다른 정신적 존재들과 함께 정신적 배아에 영향을 끼

침으로써, 사람은 스스로 자신의 물질적 유기체를 준비합니다. 지상의 존재로 사는 동안 사람이 자신의 감각을 통해 물질적 환경을 겪으며 살아가는 것과 마찬가지로, 지상의 삶 이전의 존재로서도 사람은 정신 안에서 형성하는 물질적 유기체를 두고 계획을 합니다. 그리고 사람의 활동은 그런 형성 과정에 참여하는 것인데, 이는 물질적 세계에서의 활동이 외적 세계에서 물질적 사물의 형성에 참여하는 것과 같습니다.

7   지상의 삶이 시작되기 전에 정신적·영혼적 사람(der geistig-seelische Mensch)이 통찰하며 체험하는 물질적 유기체의 정신적 배아 안에는 진정한 우주가 존재합니다. 그렇게 존재하는 우주는 우리 감각이 지각하는 우주만큼이나 엄청나게 다양합니다. 직관에 의한 인식으로 말할 수 있는 것은, 물질적 사람의 몸에 응축되어 존재하지만 그 사람이 의식하지 못하고 사는 우주의 위대함에 비하면, 물질의 세계는 아무것도 아니라는 사실입니다.

8   그리고 지상의 삶 이전에 사람은 정신적인 방식으로 *이런* 우주를 체험하고, 우주의 영향을 받습니다. 사람은 자신의 생성 과정과 자신의 유연함에서 그런 우주를 체험함과 동시에 정신적 본성들로 충만하게 됩니다.

9   사람의 의식은 이런 우주적 세계 안에 있습니다. 사람 자신의

힘은 이 우주가 생성 변화되는 과정에 작용하는 적극적인 힘과 연결되어 있습니다. 우주의 정신적 힘과 사람 자신의 힘이 함께 작용하는 가운데, 사람의 의식은 충만해집니다. 수면 상태는 어떤 의미로는 이런 작용이 복제된 것이라고 할 수 있습니다. 하지만 이 복제의 결과는 물질적 유기체가 폐쇄적인 형상으로서 영혼적 · 정신적 사람의 바깥에 존재한다는 것입니다. 지상의 삶 이전의 존재 안에 의식의 내용을 부여하고 스스로 작용하는 힘은 통찰되지 않습니다. 그래서 그 상태가 의식하지 못하는 가운데 진행됩니다.

10   다음으로 지상의 삶 이전 과정에서 미래에 올 지상의 유기체(Erden-Organismus)의 생성과정을 체험하는 것이 점점 불분명하게 됩니다. 통찰은 완전히 사라지지는 않지만 점차로 흐려집니다. 그것은 자신의 우주적 내부 세계를 점점 더 낯설게 느끼게 되는 것과 같습니다. 사람은 자신이 이 세계에서 벗어나서 산다고 생각합니다. 처음에는 우주의 정신적 본질과 완전히 하나가 되어 체험한다고 여겨지던 것이, 이제는 오로지 정신적 존재의 *외양*으로만 나타납니다. 사람은 그 전에 정신 세계에서 체험된 직관을 미리부터 가지고 있었다고도 말할 수 있습니다. 그리고 그 직관은 이제 영감의 체험으로 바뀌는데, 영감에서는 본질이 자신을 드러내면서 외부로부터 사람에게 영향을 미칩니다.

11   하지만 이와 함께 정신적 · 영혼적 사람의 내면에는 "아쉬움"

이나 "잃어버린 것에 대한 열망"이라고 표현할 수 있는 체험이 등장합니다. 그런 표현은 물질적 체험에서 나타나는 관계를 빌려서 초감각적인 것을 명백하게 보여주기 위한 것입니다.

12   그런 "아쉬움"이나 "열망" 안에서 사람의 영혼은 지상의 삶 이전의 존재에서 후기에 해당하는 시기를 체험합니다. 사람의 영혼은 이제 정신적 세계를 더 이상 완전한 현실로 체험하지 않고, 오로지 겉으로 드러난 잔영으로, 어떤 의미로는 의식 안에서 덜 실질적인 존재로 체험하게 됩니다.

13   이 단계에서 사람의 영혼은 이전에는 자기 존재의 바깥에 있던 달의 정신적 힘들을 실제로 체험할 준비가 되었습니다. 사람의 영혼은 본질을 얻게 되는데, 그 본질을 통해서 영혼은 이전에 함께 살았던 정신적 실체들로부터 자신을 구별해 내게 됩니다. 이것은 다음과 같이 표현할 수 있을 것입니다. 이전에 이루어진 영혼의 체험에는 정신에 의한 것, 신에 의한 것이 배어 있었습니다. 그런데 나중에 자신의 영혼적인 실체를 느끼게 됩니다. 그리고 우주는 하나의 외부 세계로 느껴지지만, 우주의 *그런 현현*을 실제로 체험하는 것도 초기 단계에서는 대단히 강력하다가 시간이 지나면서 약해지고 맙니다.

14   이런 체험 가운데 사람은 현실이라고 느끼고 정신으로 충만한

존재에서 빠져나와 다른 존재 안으로 들어가는 것입니다. 그 다른 존재 안에서는 정신의 우주가 자기를 드러내어 사람과 마주 서 있습니다. 체험의 첫 번째 단계는 나중에 지상의 존재가 되었을 때 생각과 느낌에서(für Vorstellung und Empfindung) 영혼의 종교적 심성으로 나타날 현실입니다. 두 번째 단계는 앞서 서술한 진정한 우주론을 형성해내는 현실입니다. 왜냐하면 이 단계에서 우주적 배아 안에 있는 물질적 조직을 살펴볼 수 있기 때문인데, 그 우주적 배아가 없다면 물질적 사람의 조직도 이해할 수 없습니다.

15   뒤이은 시기에 사람은 정신의 우주를 향한 통찰을 잃어버립니다. 그래서 정신의 우주는 "정신의 눈" 앞에서 어두워집니다. 그 대신 달의 정신적 힘들과도 관계 있는 영혼적 내면의 체험은 점점 더 강렬해집니다. 그리고 사람의 영혼은 이전에는 내면에서만 체험했던 것을 외부로부터 수용할 수 있는 상태가 됩니다. 물질적 유기체의 생성 과정에 작용하는 정신의 활동은 이전에는 사람의 의식에 의해 실제로 체험되었지만, 이제는 사람의 영혼 기관들이 빠져있습니다. 정신의 활동은 물질의 활동으로 바뀌는데, 이 물질적 활동은 지상의 존재 내부에서 번식의 발달을 이루게 됩니다. 사람의 영혼이 이전에 실제로 체험한 것은 이 번식 행위로 넘어가서 번식을 지휘하는 힘으로 작용하게 됩니다. 사람의 영혼은 이제 얼마 동안 정신 세계 내의 존재가 되는데, 이때 영혼은 사람의 물질적 유기체가 형성되는 데 더 이상 기여하지 않습니다.

16   이 단계에서 영혼은 우주 내의 에테르적인 것으로 자신 안에 있는 "아쉬움"과 "열망"을 만족시킬 준비가 됩니다. 영혼은 우주적 에테르를 자기 쪽으로 끌어옵니다. 그리고 영혼은 사람의 우주(das menschliche Universum)에 힘을 보태는 가운데, 소질 같은 것들의 의미에서 자신의 에테르적 유기체를 형성합니다. 이렇게 지상의 존재 안에서 물질적 유기체가 사람을 받아들이기 전에, 사람은 자신의 에테르적 유기체 안으로 들어간 것입니다.

17   지상의 존재 영역에서는 수정의 결과로 나타나는 과정들은—인간 영혼이 지상의 존재가 되기 이전의 마지막 단계가 진행되는 것과는 별개로—물질적 유기체의 형성을 물질적 배아 상태까지 가져옵니다. 그 사이에 자신의 에테르적 유기체의 일부가 된 영혼은 이 물질적 배아라는 유기체와 합일을 이룰 수 있습니다. 지속적으로 작용하는 "열망"의 힘을 통해 영혼은 그 유기체와 결합합니다. 그러면 이제 사람은 지상의 물질적 존재가 되는 것입니다.

18   사람의 영혼이 에테르적 유기체 안으로 수용하는 과정, 또는 우주적 에테르에서 에테르적 유기체가 생장하여 사람의 영혼에 수용되는 과정은 지상에서는 낯선 체험입니다. 그 과정이 물질적 유기체 없이 이루어졌기 때문입니다. 하지만 그 과정은 이 물질적 유기체를 "열망"의 대상이 되도록 만들었습니다. 이 체험에 대

한 무의식적인 기억은 아주 어린 아이의 체험에서 등장합니다. 하지만 그것은 *활동적인* 기억인 동시에 물질적 유기체에 작용하는 무의식적인 작업인데, 이 물질적 유기체는 과거에는 영혼의 내적 세계였으며 현재는 외적인 것으로서 사람의 영혼에게 주어져 있습니다. 사람이 자기 몸의 성장을 위해 행하는 형성 활동은 바로 이 활동적인 기억을 실현하는 것입니다. *철학*이 찾는 것, 그리고 어린 시절의 첫 체험에 관한 의식적인 이미지 활동(ein vollbewusstes Imaginieren)을 통해서만 철학의 내적 현실이 될 수 있는 것은 바로 무의식적으로 활동하는 이런 기억 속에 있습니다. 이 기억은 세계와는 이질적이면서도 세계를 지향하는 철학의 본질과 다시 연관되어 있습니다.

VII

인류와의
연관성으로 본
그리스도

1   지난 강연에서 저는 사람의 발달이라는 영역에서 어떻게 영혼
적·정신적인 존재가 감각적·물질적 존재로 전환되는지를 설명했
습니다. 이 전환을 어떻게 이해하느냐에 따라, 우리가 골고타 사건
을, 그리고 그 사건과 지상의 인간 발달과의 관계를 오늘날의 의식
에 비추어 적절하게 이해할 수 있을 것인지가 결정됩니다.

2   우리가 자신의 물질적 감각의 본질에 머물러, 정신적 체험 형
태에서 나온 정신적 · 영혼적인 것이 어떻게 변하여 물질과 감각
의 세계에 등장하는지 인식하지 못하면, 정신 세계에서 나온 그리
스도의 정신이 어떻게 물질적 세계 안에서 예수라는 인간으로 태
어날 수 있는지를 이해하지 못할 것입니다.

3   하지만 다시금 강조해야 할 것은 누구에게나 중요한 것은 눈
으로 *보아* 얻는 인식이 아니라 눈으로 보며 탐구한 것을 차분히
이해하는 것이라는 사실입니다. 눈으로 보고 인식할 수 있는 사람
은 *따로* 있지만, 근거를 짚어가며 이해하는 것은 모든 사람에게 가
능합니다.

사람의 영혼이 지상의 삶 이전에 여러 세계를 거쳐 살아왔음을 인정하는 사람은, 골고타의 신비 사건이 있기 전에 오로지 그리스도라는 존재로 살았던 그가 그 신비를 통해서, 또한 그 사건 이래로, 지상 인류와 연결된 존재가 되었다는 사실도 경외감을 가지고 바라볼 수 있습니다.

5   지상 인류의 영혼들이 지금의 모습을 갖추기까지는 서서히 오랜 발달 과정이 있었습니다. 오늘날과 같은 영혼의 상태를 취한 뒤의 일상적인 의식은 옛날 옛적 사람이 오늘날의 사람처럼 생각하고 행동하고 느꼈다는 식으로 서술된 "역사"는 꾸며 낸 것입니다. 물론 그건 사실이 아닙니다. 지상의 존재인 인류에게는 이 영혼의 상태가 지금과는 완전히 달랐던 시기가 있었습니다. 그때는 수면과 깨어남이 칼로 자른 듯 구분되지 않았습니다. 오늘날 그 두 상태 사이의 전환은 오로지 꿈을 통해서만 이어집니다. 하지만 그런 전환에는 뭔가 눈속임이나 불확실한 것처럼 보이는 내용이 있습니다. 옛날 사람은 완전히 깨어 있는 상태와 의식이 없는 수면 상태 사이에 또 하나의 중간 상태를 경험하며 살았습니다. 그 중간 상태는 상으로 드러나는 명료하면서도 감각이 사라진 상태였으며, 감각에 의한 지각을 통해 실제로 물질적인 것이 드러나는 것처럼 그 상태를 통해서 정신적인 것이 실제로 자신을 드러냈습니다.

6   사고가 아니라 상을 통해 이루어진 이 체험에서 태고적 사람

은 지상의 삶 이전의 자기 존재를 꿈을 꾸듯 경험했습니다. 옛날 사람은 지상의 삶 이전에 경험한 것의 잔향인 것처럼 자기 자신을 지상의 삶 이전의 영혼 존재로 체험했습니다. 당시의 사람이 자신을 지상의 삶 이전의 세계를 살았던 영혼 존재로 체험하기는 했지만, 그것은 오늘날 사람들이 하는 완전하고 확실한 "나·체험"(Ich-Erleben)은 아니었습니다. 오늘날과 같은 정도로 "나"를 인식한 것은 아니라는 말입니다. 이러한 "나·체험"은 사람의 정신 발달이 이루지면서 비로소 생겼습니다.

7   인류의 나·체험이 발달하는 데 결정적인 시기는 골고타 사건이 일어났던 그 시기였습니다.

8   바로 이 시기에 지상의 삶 이전의 존재가 남긴 잔향은 일상적인 의식에서는 점점 더 모호해졌습니다. 사람이 *자기 자신에 대해* 알 수 있는 것은 물질적·감각적 지상 존재인 자기 자신이 알려주는 것에서 벗어나지 못하게 되었습니다.

9   이때부터 죽음에 관한 지각도 새로운 의미를 갖게 되었습니다. 그 전에는 사람은 암시적으로 자신의 본질에 대한 영원한 핵을 알았습니다. 그는 앞에서 말한 잔향을 통해서 영원한 본질의 핵을 보았고, 그 핵심이 죽음에 의해 영향을 받지 않는다는 것을 알았습

니다. 세계의 역사 안에서 사람의 물질적 본질에 대한 통찰이 제한적이었던 시기에는, 죽음은 영혼 앞에 놓인 고통스러운 수수께끼였습니다.

10   이 수수께끼는 인식의 내적 힘이 더 발달하는 것만으로는 풀리지 않았습니다. 사람이 이 수수께끼를 해결한 것은 지상에서 일어난 골고타 사건을 통해서였습니다.

11   그리스도는 사람이 지상 이전의 존재로 살았던 세계들로부터 지상의 존재들이 사는 땅으로 내려왔습니다. 골고타 사건 이래로 사람은 깨어 있는 일상 의식의 체험이 본질과 하나가 되면서, 그리고 그리스도의 행위들을 우러러보는 가운데, 이전에는 자기 의식의 타고난 성질을 통해서 얻었던 것을 알게 되었습니다.

12   옛 신비들을 받아들인 정신세계의 전수자들은 이를 믿는 사람들에게 이렇게 말했습니다. 자신들은 지상의 삶 이전의 현존을 지각함으로써 정신적 태양이 준 은총을 발견했으며, 이 그 정신적 태양의 잔영이 바로 물질적 태양이라고 말입니다.

13   골고타 신비가 일어난 시기에 여전히 옛날의 정신세계 전수법대로 살던 전수자들은 그들의 말을 들으려는 사람들에게 설명했습니다. 이전에 정신 세계들에서 온 사람들에게 지상 이전의 존재

가 지상의 존재에게 남긴 잔향을 전달한 그 존재가 어떻게 그리스
도의 모습으로 물질적 지상의 세계로 내려와서 예수라는 사람의
몸을 취했는지를 말입니다.

14   이를 통해 전수자들이 정신세계를 알릴 때 골고타 신비를 제
대로 알고 있는 사람들은 그리스도교의 첫 활동 시기에 그리스도
라는 존재가 정신적 세계에서 지상의 세계로 내려 왔다고 말했습
니다. 당시 인류를 인도하던 사람들의 주된 관심사는 초감각적인
세계의 그리스도, 그리고 그런 그리스도가 인간이 되기 위해 지상
으로 내려오는 과정이었습니다.

15   그런 통찰이 가능했던 것은, 정신세계의 전수를 토대로 옛 전
수자들이 초감각적인 세계들에 대해서 훨씬 많이 알고 있어서, 그
리스도 안에서 지상에 내려오기 전 정신 세계의 한 존재로서 그리
스도의 실체를 알아보았기 때문입니다.

16   그런 앎의 잔재는 대략 기원 후 4세기까지 남아 있었습니다.
그 뒤로 그 잔재는 사람의 의식에서 점차 흐려졌습니다. 그 바람
에 골고타 사건은 오로지 외형적인 역사의 전승을 통해서만 알게
되는 사건이 되고 말았습니다. 태고적 정신계 전수 원칙들은 외부
세계로부터 잊혀졌고, 사람들에게 거의 알려지지 않은 곳들에서

만 전승되었습니다. 인류의 발달 과정 속에서 19세기가 3분의 2쯤
지난 시점에 와서야 비로소 앞에 서술한 새로운 전수가 정신 세계
안에서 그리스도의 실체를 이해할 수 있도록 인도하는 단계에 도
달한 것입니다.

17   인류의 발달 과정에서 발현해야 할 '나' 의식(Ichbewusstsein)이
완전히 성숙하기 위해서는, 전수된 인식이 몇 세기 정도 과거 상
태로 돌아가고, 사람이 우선 감각적, 외적 역사의 세계로 보내져서
그곳에서 "나 의식"을 자유롭게 발전시킬 수 있어야 했습니다.

18   그런 까닭에 그리스도교 공동체는 신자들에게 골고타 신비에
관한 역사적 전승을 가르치고, 한때 골고타 신비에서 정신적 인식
을 통해 이해할 수 있었던 내용을 신자들이 *알아야* 할 *교리*로 포
장할 수밖에 없었습니다. 여기서 중요한 것은 그 교리의 내용이 아
니라 그것이 영혼 안에서 체험되는 방식, 즉 믿음을 통해서 체험되
는가, 아니면 지식을 통해서 체험되는가, 하는 점입니다.

19   오늘날에는 그리스도에 관해 직접적인 지식을 얻을 수 있게
되었습니다. 그러나 예수라는 형상은 여러 세기에 걸쳐 일상적인
의식 앞에 놓여 있었습니다. 그리고 예수 안에 있는 그리스도는 믿
음의 대상이 되었습니다. 하지만 시간이 지나면서 인류를 정신적
으로 선도하는 부분의 신앙 교리가 없어졌습니다. 날이 갈수록 예

수는 철저히 역사적으로 일상의 의식 앞에 나타난 인물로 여겨졌습니다. 사람들은 그리스도에 대한 체험을 점점 잃게 되었습니다. 심지어 현대에는 기본적으로 예수를 사람으로서만 다룸으로써 그리스도와의 생생한 관계를 잃은 신학 분파까지 생기고 말았습니다. 그런 식으로 예수만을 믿는 종교는 사실 그리스도교가 아닙니다.

20 옛날 사람은 지상의 삶 이전의 자기 존재에 관한 의식 안에서 지상의 죽음 이후의 자기 존재를 제대로 이해하기 위한 근거를 가지고 있었습니다. 당시 사람들은 이런 방식으로 죽음이라는 수수께끼에 대한 자연적인 자기 체험(ein natürliches Sich-Erleben)을 얻었지만, 훗날의 사람은 그 자기 체험을 그리스도와의 결합이라는 또 다른 방식으로 얻게 되었습니다. "내가 아니라 내 안에 있는 그리스도가"라는 사도 바오로의 말대로, 그리스도는 사람에게 스며들어 사람과 함께 죽음의 문을 지나갈 인도자가 될 수 있었습니다. 그렇게 사람은 일상적인 의식 안에서 "완전한 나·체험"(das volle Ich-Erlebnis)을 펼칠 수 있게 해주는 무엇인가를 갖게 되었지만, 그것은 인식하는 가운데 죽음의 문을 생생하게 통과할 힘을 영혼에게 주는 것은 아니었습니다. 일상적인 의식은 물질적 신체의 산물이기 때문입니다. 영혼에게는 죽음과 함께 사라지는 것으로 여길 힘만이 있는 것입니다.

21 여전히 옛 전수를 바탕으로 모든 것을 인식할 수 있었던 사람들에게, 사람의 물질적 유기체는 병든 것처럼 보였습니다. 그들은 영혼으로 하여금 자신의 완전한 존재를 체험할 수 있을 정도로 포괄적인 의식을 제공할 만한 힘이 물질적 유기체에는 없다고 여겼기 때문일 것입니다. 그리스도는 영혼의 의사, 치유자, 구세주로 세상에 나타났습니다. 그러므로 그런 그리스도는 인류와 깊이 결부된 존재로 인식되어야 합니다.

22 다음으로는 그리스도와의 연관성 안에서 본 죽음이라는 사건을 고찰해 보아야 합니다.

23 그리스도 체험을 받아들임으로써, 전수된 언명으로 더욱 심오하게 된 옛 의식이 사람에게 영원에 대한 체험이라고 준 것은 세계 존재 안에서 신적인 "성부 원칙"(Vaterprinzip)을 이야기하는 하나의 철학이 됩니다. 정신 안에 있는 성부는 모든 것 안에 스며들어 있는 존재자로 다시 인식될 수 있게 되는 것입니다. 사람인 예수 안에서 지상의 몸을 취한 *지상 밖의 세계의 실체*인 그리스도를 인식함으로써, 우주론은 그리스도교적 성격을 갖게 됩니다. 인류의 발달 과정에서 일어난 사건들 안에서 그리스도의 실체를 함께 인식하는 것이 그 발달 과정의 결정적 요소로 여겨집니다. 그리고 흐려져 버렸던 "영원한 사람"(der ewige Mensch)에 관한 인식을 되살림으로써, '나·의식'을 발달시킨 단순한 감각적 세계에 머물러 있던 사람

의 정서가 정신을 향하도록 인도되고, 영혼은 종교의 *새로운 인식 근거를 바탕*으로 이 정신을 성부, 성자와 함께 이해하고 체험할 수 있게 됩니다.

VIII

그리스도와의
연관성에서 본
죽음이라는 사건

1   수면 상태에서는 일상적인 의식의 감각 체험이 중단되고, 또한 생각하기, 느끼기, 행동하기라는 영혼 활동도 중단됩니다. 그렇게 되면 자기 "자신"(das Selbst)을 구성하는 것이 사람에게서 없어집니다.

2   앞선 강연에서 영혼 수련의 성격을 설명했습니다만, 영혼 수련을 통해서 상위의 의식은 먼저 생각하기(das Denken)를 이해하게 됩니다. 우리는 먼저 생각하기를 잃어버리지 않으면 그 이해에 도달하지 못합니다. 효과적인 명상을 통해 우리는 그런 사고의 상실을 체험합니다. 우리는 내적으로는 우리 자신의 본질을 느낍니다. 불분명한 내적 체험이 이루어지는 것입니다. 하지만 일차적으로 우리는 자신의 존재를 아주 강렬하게 체험하지 못하기 때문에, 사고 활동으로는 우리 자신의 내적 존재를 이해하지 못합니다. 내적 존재를 이해할 정도로 강렬하게 자기 존재를 체험하기까지는 시간이 필요합니다. 내적 활동이 성장하면서, 사고의 힘은 일상적인 의식과는 다른 측면에서 촉발됩니다. 일상적인 의식 안에서 사람은 현재의 순간에서만 자신을 체험합니다. 생각하기를 버림으로

써 이미지 활동(das Imaginieren)이 일어날 수 있게 된 뒤, 생각하기가 영혼 수련을 통해 다시 활성화되면, 우리는 탄생에서 현재의 각 순간에 이르는 삶 전체의 내용을 우리 자신의 "나"로 체험합니다. 일상적인 의식에서의 기억은 현재의 순간에서 체험하는 것들입니다. 현재의 순간에 체험하는 것은 상들이며, 이 상의 내용은 과거의 것들을 암시할 따름입니다.

3   그런 기억은 이미지 활동이 시작될 때는 등장하지 않습니다. 과거사는 그것이 현재의 일처럼 보일 때만 통찰이 가능합니다. 감각을 통해 지각할 때는 우리가 그 감각을 한 공간 안에 함께 자리 잡고 있는 사물들 쪽으로 향하게 하는 것처럼, 우리는 이미지 활동의 과정에서 영혼의 깨어난 활동력을 우리 자신이 살아오면서 겪은 여러 일 쪽으로 향하게 합니다. 이때 시간적으로 진행된 과거사가 하나로 합쳐져 등장합니다. 그리고 생성 변화(das Werden)의 내용은 매순간 현존하는 어떤 것으로 나타납니다.

4   하지만 상위의 의식 상태에는 일상적인 의식의 기억과는 다른 것이 있습니다. 그 경우에는 일상적인 의식 상태에서 이전에는 몰랐던 에테르적 유기체의 작용을 알게 됩니다. 일상적인 의식 안에서의 기억은 사람이 자신의 물질적 유기체를 통해서 외부 세계를 경험하여 생긴 상일 뿐입니다. 하지만 이미지적 의식은 에테르적 유기체가 물질적 유기체에 행했던 활동을 체험합니다.

5   이런 체험은 자신의 본성 안에 숨어 있으면서 의식 안으로 밀려 올라오지 않던 것이 영혼의 심층부로부터 밖으로 나오는 느낌으로 이루어집니다. 그리고 이 모든 것은 깊은 숙고를 통해서 체험됩니다. 그러려면 이미지적 의식뿐 아니라 일상적 의식도 완전히 보존되어 있어야 합니다. 에테르적 유기체와 물질적 유기체 사이의 상호작용으로 얻으려는 체험이 그에 상응하는 일상적인 의식의 기억에 언제나 연결되어 있어야 합니다. 그렇게 되지 않으면 이미지적 체험이 아니라 몽상적 체험(visionäres Erleben)만 가능해집니다.

6   몽상적 체험에서 의식은 이미지적 활동처럼 옛 내용에 새로운 내용이 더해지는 방식으로 채워지지 않고 다른 것으로 바뀔 따름입니다. 그러면 의식의 새로운 내용뿐 아니라 옛 내용도 의식 안에서 현재의 내용이 되지 못합니다. 이미지로 상상하는 사람은 일상적인 자기 자신으로 유지됩니다. 하지만 몽상가는 완전히 다른 사람으로 바뀝니다.

7   외부에서 인지학을 비판하는 사람이 주목해야 할 것도 그것입니다. 흔히 이미지를 통해 얻은 인식을 비판하는 사람들은 그것이 사람의 인식을 몽상으로 이끈다고 말합니다. 진정한 정신의 탐구자는 그것이 사실인지 엄밀하게 입증해야 합니다. 그런 탐구자는 일상적인 의식을 몽상적인 의식으로 대체하지 않고, 이미지적

인 의식을 일상적인 의식에 포함시킵니다. 그에게서는 매순간 일
상적인 사고가 이미지적인 체험을 지배합니다. 몽상적으로 생각하
기(das visionäre Vorstellen)에서 "나"는 일상적인 의식에서보다 더 강하
게 물질적 유기체 안으로 들어가 있습니다. 이미지 활동은 물질적
유기체에서 실제적으로 벗어나는 행위입니다. 이때는 영혼의 일상
적인 부분이 의식적으로 물질적 유기체 안에 머뭅니다. 그러면 우
리는 그 전에 의식하지 못했던 영혼의 일부 안에 있음을 의식하게
됩니다. 그러나 물질적 유기체 안에서 의식되었던 영혼의 일부는
영혼적 체험 안에 머물러 있습니다. 이미지 활동의 체험과 일상적
인 의식의 체험 사이의 상호작용은 일상적인 의식 안에서 하나의
상상에 의해 그 지향점이 이리저리 바뀌는 영혼의 활동과 마찬가
지로 영혼의 사려 깊은 경험이라고 할 수 있습니다. 이런 점을 생
각한다면 이미지를 통한 인식을 몽상적인 것이라고 비판하지 않
게 될 것입니다. 오히려 이미지를 통한 인식은 공상 쪽으로 기울어
지는 모든 경향을 배제하는 데 도움이 됩니다. 하지만 이미지를 통
해 인식하는 사람은 몽상으로는 몸에 얽매이지 않는 체험이 불가
능할 뿐 아니라 감각 체험보다 훨씬 더 몸에 종속된 체험만이 가
능하다는 사실도 꿰뚫어 볼 수 있습니다. 그런 사람은 몽상의 성
격과 실제로 몸에 얽매이지 않는 이미지의 성격을 비교할 수 있기
때문입니다. 몽상하는 사람은 일상적인 방식으로 감각을 통해 지
각하는 사람보다 더 깊이 자신의 물질적인 몸의 기능들에 매몰되
어 있습니다.

8   이미지를 통한 상상이 시작되면, 일상적인 사고(das gewöhnliche Denken)는 그 자체 안에 실체적인 내용이 없는 어떤 것이라고 깨닫게 됩니다. 이 일상적인 사고의 실체적 내용은 우리가 이미지를 통해 의식 안으로 끌어들이는 것에서 생깁니다. 실제로 일상의 생각하기는 거울에 비친 상에 비할 수 있습니다. 하지만 일상적인 의식에는 거울에 비친 것과 같은 상이 나타나는 반면, 이미지적 인식으로 나타나는 것은 무의식 안에서 살아 있습니다. 우리는 일상적인 영혼적 삶에서도 이미지를 통해 상상합니다. 하지만 그런 이미지 활동은 무의식적으로 이루어집니다. 이미지로 떠올려보지 않으면, 생각하지도 않습니다. 의식 안에서 이루어지는 일상적인 영혼적 삶의 사고는 의식하지 못하는 상태에서 일어나는 이미지 활동이 물질적 유기체에 의해 비춰진 거울의 상입니다. 그리고 이 이미지 작용의 본질적 내용은 지상에서 전개되는 인간의 삶에서 자신을 드러내는 에테르적 유기체입니다.

9   영감과 함께 의식에는 새로운 요소가 등장합니다. 영감을 얻으려면, 인간 자신의 전체 삶이 앞에서 설명한 것처럼 추상화되어야 합니다. 하지만 이때도 영혼이 이미지 작용을 통해 얻어낸 활동의 힘을 그대로 유지합니다. 이런 활동력을 가지고 있으면, 영혼은 에테르적 유기체가 물질적 유기체의 바탕인 것처럼 우주에서 에테르적 유기체의 바탕이 되는 것이 무엇인지 상상할 수 있게 됩니다.

10   이와 함께 영혼은 자기 고유의 영원한 본질을 만나게 됩니다. 일상적인 의식 안에서 영혼이 상상하는 가운데 활동적이 되려면, 물질적 유기체를 통해야 합니다. 먼저 영혼이 물질의 몸 안으로 들어가면, 물질적 유기체는 영혼이 에테르적 유기체를 통해서 체험하는 것의 표상들을 영혼에게 비추어 주는 것입니다. 하지만 영혼은 이 에테르적 유기체의 활동에서 에테르적 유기체를 체험하지는 않습니다. 이미지적인 의식 안에서 이 에테르적 유기체는 그 자체를 체험합니다. 그러나 이 체험은 영혼이 자신의 체험을 통해서 아스트랄적 유기체로 더욱 거슬러 감으로써 이루어집니다. 영혼이 이렇게 이미지를 통한 활동이 있는 한, 그 영혼은 아스트랄적 유기체 안에서 무의식적으로 살아있으며, 물질적 유기체와 에테르적 유기체를 통찰합니다. 영혼이 영감을 바탕으로 인식하는 순간, 아스트랄적 유기체도 통찰됩니다. 이때 영혼이 자기 본질의 영원한 핵 안에서 존재하게 되기 때문입니다. 영혼이 이 핵을 통찰하려면 직관적 인식(intuitive Erkenntnis)을 계속해야 합니다. 이 직관적 인식을 통해 영혼은 정신적 세계에서 살게 되는데, 이는 일상적인 현존에서는 영혼이 물질적 유기체 안에서 사는 것과 마찬가지입니다.

11   그런 방식을 통해서 영혼은 어떻게 정신적 세계로부터 물질적 유기체, 에테르적 유기체, 아스트랄적 유기체가 생성되는지 알게 됩니다. 하지만 동시에 영혼은 정신이 지상의 존재인 "사람"의 기관에 지속적으로 영향을 미친다는 것도 관찰할 수 있습니다. 영혼

은 인간의 정신적 본질의 핵이 어떻게 물질적 유기체, 에테르적 유기체, 아스트랄적 유기체 안으로 모습을 감추는지 봅니다. 이렇게 모습을 감추는 것은 정신적인 것이 물질적인 것 안으로 숨어들어 그 안에 머무는 것 같은 일이 아닙니다. 오히려 그것은 인간 영혼의 한 부분이 물질적 조직, 에테르적 조직으로 변환되는 것입니다. 사람 영혼의 그 부분은 지상에서 사는 동안 물질적 유기체와 에테르 유기체로 *바뀌면서 사라집니다.* 영혼의 그 부분은 그 잔영 안에서 일상적인 의식이 사고를 통해서 체험하는 부분입니다. 그러나 사라졌던 영혼은 다른 쪽에서 다시 나타납니다. 그것은 지상의 존재 안에서 행동하기로 체험되는 영혼 부분입니다. 행동하기와 생각하기는 그 성격이 서로 다릅니다. 일상적으로 깨어 있는 동안에도 사람은 잠들어 있는 부분을 지니고 있습니다. 영혼은 사고된 것을 명료하게 봅니다. 사람은 생각할 때 실제로 완전히 깨어 있는 존재입니다. 그러나 행동하기에서는 그렇지 않습니다. 의지는 사고를 통해서 자극됩니다. 생각이 미칠 때 의식도 깨어 있습니다. 하지만 이때 의지의 작용은 사람의 유기체 안으로 숨습니다. 가령 제가 저의 의지에 따라 손을 움직일 때, 저는 일상적인 의식 안에서 그 행위의 동기가 되는 생각을 의지 작용의 시작으로 삼고, 동반되는 모든 감정에 따른 영혼 체험과 함께 손의 움직임에 관한 주시는 의지 작용의 끝으로 삼는 것입니다. 그리고 그 두 지점 사이에 일어나는 일은 의식되지 않습니다. 하지만 사람이 무엇인가를 할 의지를 가질 때 유기체의 심층에서 무슨 일이 일어나는지는 수면 중에 일어나는 체험처럼 일상적인 의식 안에 들어오지 않습니다. 사람에게는 깨어 있는 상태에서도 잠들어 있는 부분이 늘 있다는 뜻입니다.

12   이 부분은 그 안에서 정신적·영혼적인 것이 지상의 존재로 사는 동안 물질적 유기체 안으로 들어가 변하지 않고 유지되는 부분입니다. 우리가 그 관계를 알게 되는 것은 앞의 강연에서 설명한 의지 수련을 통해서 진정한 직관을 가지게 될 때입니다. 그렇게 되면 우리는 의지 뒤에 숨은 인간 영혼의 영원한 부분을 인식합니다. 영혼의 영원한 그 부분은 머리 조직으로 바뀝니다. 그 부분은 지상에서 사는 동안 뇌조직의 형태와 생명으로 바뀌었다가, 다른 쪽에서 다시 나타나서 죽음이라는 과정을 지나 미래의 물질적 지상의 몸과 지상의 삶에 대한 작업에서 성숙하게 됩니다. 이로써 저의 강연은 이제 인간의 죽음이라는 사건에 다가갑니다. 자세한 것은 다음 강연에서 설명하겠습니다. 제가 오늘 서술한 통찰을 통해, 사람은 의지의 존속과 인간의 뇌조직으로 변한 과거 영혼의 일부분을 인식하게 될 따름입니다. 그것으로는 나·의식의 운명까지는 도달하지 못하는 것입니다. 나·의식은 오로지 그리스도 문제와 연관 지을 때만 이야기할 수 있습니다. 그래서 자아 의식에 관한 설명은 다시 그리스도교의 비밀을 통찰하는 문제로 돌아갑니다.

13   우리에게 익숙한 관념철학은 사고(Gedanken) 안에서 이루어짐

니다. 그러나 그 사고 안에는 인간의 생명도 없고 실체도 없습니다. 이미지 안에서 인간의 물질적 유기체가 배제될 때, 인간에게는 실체가 생깁니다. 전에는 철학 사상 또한 앞에서 거론한 방식으로 거울 속의 상에 지나지 않았습니다. 그런 거울 속의 상을 철학으로 꾸며내면, 아무런 편견 없이 그 철학을 체험하는 동안 그것이 얼마나 비현실적인지 알게 될 것입니다. 그때 우리는 여기서 설명한 대로 기억된 사고가 완전히 사라져버리는 순간이 언제 올지 예감하게 됩니다. 아우구스티누스*와 데카르트**는 그런 비현실성을 알았지만, 그것을 "회의"라고 모호하게 표현하는 데 그쳤습니다. 하지만 삶의 과정이 통합된 하나의 실체가 되어 영혼 안에 등장할 때, 철학은 생명을 가지게 됩니다. 그 점을 베르크손은 알아차렸고, 이를 "지속"이라는 말로 표현했습니다. 하지만 베르크손도 거기서 더 나아가지 않았습니다. 이런 문제들이 우주론과 종교적 인식에 어떤 의미가 있는지는 다음 강연에서 설명하겠습니다.

---

*   아우구스티누스Augustinus(354-430), 그리스도교 교부. 특히 그 저서 ≪고백록≫을 참조할 것.

**   르네 데카르트René Descartes(1596-1650), 프랑스 철학자.

IX

그리스도 문제와의
연관성에서 본
'나·의식'의 운명

1   지상의 존재로 있는 동안 영혼 활동(Seelenleben)은 생각하기, 느끼기, 행동하기라는 사실들로 이루어집니다. 아스트랄적 유기체와 나의 본성이 물질적·감각적인 세계 안에서 체험한 것은 거울에 비친 상으로 생각 속에 나타납니다. 사람의 본질을 구성하는 고차의 부분들이 겪는 또 다른 체험은 수면 중에 일어납니다. 하지만 그 체험은 지상의 존재에게는 의식되지 않습니다. 자신의 내용을 스스로 의식에 보여주기에는 영혼의 내면이 너무 약합니다. 바라보는 의식이 영혼의 내용을 체험하면, 그제서야 그 내용은 순수히 정신적·영혼적인 것으로서 자신을 보여줍니다.

2   잠에서 깸과 동시에 아스트랄적 유기체와 '나'라는 본질(Ich-Wesenheit)은 에테르적 유기체와 물질적 유기체 안에 등장합니다. 에테르적 유기체 안에서 일어나는 감각의 지각작용은 생각하기를 통해서 체험됩니다. 하지만 이 체험에서 사람을 둘러싼 세계는 현실이 아니라 이 세계의 모상에 불과합니다. 이 모상 안에서는 형성하는 힘의 총합이 나타나고, 이것이 지상에서 삶의 바탕을 이룹니다. 삶의 매 순간마다 그런 외적 세계의 모상이 사람 안에 존재합

니다. 인간은 생각하기를 통해서 그 모상을 직접 체험하는 것이 아니라, 모상이 반사된 것이 물질적 유기체를 통해 사고의 내용으로 일상적인 의식에 주어집니다.

3   물질적 유기체 안에서 생각하기라는 반사 행위 뒤에서 벌어지는 것은 일상적인 의식을 통해서는 지각되지 않고 그 결과만이 지각되는데, 그 결과는 사고로 반사되어 나타난 상들입니다. 물질적 유기체 안에서 지각되지 않는 이것들은 에테르적 유기체와 아스트랄 유기체와 나·본질에 의한 행위들입니다. 사람이 사고 안에서 지각하는 것은 그 자신이 자기의 물질적 유기체 안에서 영혼적·정신적인 실체로 작용한 결과들입니다.

4   에테르적 유기체 안에서는 외적 세계의 모상이 물질적 유기체의 내적 활동으로 살아 있습니다. 아스트랄적 유기체 안에서는 현재의 육화 이전에 있었던 존재의 모상이 살아 있습니다. 나의 본질 안에는 사람의 영원한 본질의 핵이 살아 있습니다.

5   에테르적 유기체에서 외적 세계는 사람 안에 작용합니다. 아스트랄적 유기체 안에서는 인간이 이전 지상의 삶에서 체험한 것이 영향을 미칩니다. 현재 지상의 삶에서 일어나는 이런 작용의 본질은 이전의 삶에서와 크게 다르지 않습니다. 그 작용은 정신적으

로 변화한 물질적 유기체 안에서 일어난 것이었습니다. 깨어 있는 동안에는 그 작용이 유사합니다. 인간 내면의 뇌조직은 물질적인 상태에서 정신적인 상태로 옮겨가려고 끊임없이 노력합니다. 하지만 지상의 삶에서 그런 전환은 오로지 일종의 소질로만 나타납니다. 물질적 조직이 저항하기 때문입니다. 아스트랄적 유기체의 그런 전환 노력이 물질적 내부의 뇌조직이 물질적 조직으로 허물어지는 시점에 이르는 순간, 수면 상태가 시작됩니다. 이 수면 상태는 물질적 유기체의 다른 부분에서 내적 뇌조직으로 힘들을 이동시켜 물질적 세계에서 살아갈 수 있도록 합니다.

6   이 힘들은 에테르적 유기체 안에 있습니다. 깨어 있는 상태에서는 에테르적 유기체는 뇌조직 안에서 점점 불분명해지지만, 수면 상태에서는 내적으로 여러 특정한 형태를 띱니다. 그 형태 안에는 지상에 현존하는 동안 물질적 유기체를 재건하는데 작용하는 힘들이 나타납니다.

7   결국 깨어 있는 동안 뇌조직 안에는 활동이 이중으로 일어납니다. 에테르적 유기체를 통한 재건 활동과 물질적 조직을 파괴하는 분해 작용이 일어나는 셈입니다. 이런 파괴 작용은 아스트랄적 유기체를 통해 일어납니다.

8   이 아스트랄적 유기체의 작용을 통해 사람은 지상의 존재로

사는 동안 끊임없이 죽음과 함께합니다. 다만 이런 죽음은 그에 저항하는 힘들에 의해 하루하루 지연될 뿐입니다. 하지만 인간의 일상적인 의식은 바로 그 지속적으로 나타나는 죽음의 영향력 덕분에 유지됩니다. 왜냐하면 뇌조직의 죽어가는 생명 안에는 영혼의 활동을 사고 체험으로 반사하는 데 적합한 무엇인가가 있기 때문입니다. 유기체를 싹트게 하여 생명을 자극하는 활동에서 사고를 자아낼 수는 없습니다. 사고 체험이 나오려면 죽음을 지향하는 무엇인가가 반드시 있어야 합니다. 유기적으로 움터나오는 이 작용은 사고의 짜임을 마비시키거나 의식이 없는 상태로 만듭니다.

9   신체적 죽음으로 인해 사람의 유기체 전체에서 벌어지는 일은 지상에서 사는 인간 존재에게는 일종의 기본 설계로, 그야말로 끊임없이 만들어지는 죽음의 단초로 사람을 따라다닙니다. 그리고 바로 자기 안에서 진행되는 이 죽음 덕분에 인간은 일상적인 의식을 가지게 됩니다. 그 의식 앞에 에테르적 유기체와 물질적 유기체가 꿰뚫어 볼 수 없는 실체처럼 나타납니다. 인간은 에테르적 유기체와 물질적 유기체가 아니라 사고에 투영된 상을 보는데, 인간에게 주어지는 그 상 안에서 인간은 자신의 영혼을 체험합니다. 물질적 조직과 에테르적 조직은 사람의 아스트랄적 조직과 나의 본성을 덮어버립니다. 영혼의 의식은 일상적인 지상의 존재 안에 물질적 유기체가 비치는 반사로 가득 차기 *때문에*, 사람은 자신의 에테르적, 아스트랄적 조직과 자신의 나·본질을 지각할 수 없습니다.

10   죽음과 함께 물질적 유기체는 에테르적 유기체와 아스트랄적 유기체에서, 그리고 나·본질에서 풀려납니다. 이로써 사람은 스스로 자신의 에테르적 유기체와 아스트랄적 유기체, 그리고 나·본질을 지니게 됩니다. 물질적 유기체가 떨어져 나감으로써 이제 사람은 에테르적 조직을 의식하지 못하도록 막는 장애물은 없어집니다. 사람의 영혼에는 흘러간 지상의 삶이 상이 되어 나타납니다. 그 이유는 그 상은 형상력의 다른 표현이며, 그런 형상력이 합쳐져 에테르체를 보여주기 때문입니다.

11   그렇게 에테르체 안에 살아있는 것은 우주의 에테르적 본질에서 나와 인간 안으로 스며들어 짜인 것입니다. 그것은 결코 우주로부터 떨어져 나갈 수 없습니다. 우주적·에테르적으로 일어난 것은 사람의 조직 안으로 들어가 그 존재를 이어갑니다. 그리고 이렇게 사람 안에서 이어지는 것은 에테르 유기체입니다. 죽은 뒤에 인간이 이 에테르 조직 안에서 자신을 의식하는 순간 그 의식이 우주적 의식으로 바뀌기 시작하는 것도 그 때문입니다. 인간은 자신의 에테르유기체를 지각하듯 자신의 본질 안에 있는 어떤 것으로 세계에테르를 지각합니다. 그런데 실제로는 아주 잠시 뒤에 에테르체가 세계 안에서 분해됩니다. 인간은 지상의 존재인 동안 물질적·에테르적 유기체에 매여 있었던 자신의 내면인 아스트랄적 유기체와 나·본질을 돌려받습니다.

12 　　아스트랄적 본질이 완전히 물질적 유기체의 일부분이 되는 일
은 없습니다. 뇌조직은 이 아스트랄적 유기체와 나·본질의 완전
한 변환을 보여줍니다. 하지만 인간의 리듬 조직에 속하는 모든 것
에, 호흡과 혈액순환의 모든 과정에, 그리고 그밖의 리듬적인 과
정에는 아스트랄적 조직과 나·본질이 어느 정도 독립적으로 계
속 존재합니다. 그런 활동들이 이 과정 중에 비춰지는 것은 뇌조
직을 통해 비춰지는 것과는 다릅니다. 리듬적 과정은 아스트랄적
조직, 그리고 나·본질과 통합됩니다. 이 통합에서 정신적·물질적
인 본질이 생기는데, 이 본질은 일상적인 의식에서는 감정 활동
(Gefühlsleben)으로 나타납니다. 이러한 감정 활동 안에서는 사람이
자신의 사고를 통해서 감각 세계와 함께 체험하는 것이 아스트랄
적 유기체와 나·본질과 하나가 됩니다.

13 　　우리는 이 통합의 내용을 자세히 들여다보아야 합니다. 인간
이 감각적 세계 안에서 무엇인가를 성취한다고 가정해봅시다. 인
간의 영혼 활동은 그 성취가 외부에서 일어나는 일에 머물지 않습
니다. 인간은 자신의 행위를 판단합니다. 하지만 이 판단은 사고
활동 안에서만 이루어지는 것이 아닙니다. 그런 평가를 하도록 자
극하는 것은 아스트랄적 유기체에서 오며, 아스트랄적 유기체는
리듬적인 것과 하나가 되면서 물질적 존재로도 자신을 드러냅니
다. 되비친 상으로 진행되는 사고에는 도덕적인 판단의 잔영이 주
어집니다. 이 도덕적 잔영은 되비쳐진 사고 세계 안에 그 모습을

드러내는데, 그 세계는 단순히 되비쳐진 사고의 본질이라는 성격이 있습니다. 아스트랄적·리듬적인 유기체 안에서 그 잔영은 현실로 존재합니다. 하지만 그 현실은 지상의 존재로 사는 동안에는 일상적인 의식에 들어오지 않습니다. 그렇게 일상적인 의식 안으로 들어오는 것이 방해 받는 이유는 물질적이고 리듬적인 것들이 그에 따르는 정신적인 것들보다 더 강하게 지각된다는 사실 때문입니다. 죽음을 맞아 물질적 유기체가 버려지면, 물질적이고 리듬적인 것들은 더 이상 인간의 체험 안에 존재하지 않고, 그러면 정신적·우주적인 세계에서 인간 행위의 의미를 파악한 것이 우주적 의식 안으로 들어오게 됩니다. 이 우주적 의식은 에테르 유기체가 떨어져나간 뒤에 완성됩니다. 지상의 존재로서 자신을 물질적 형상으로 간주했던 인간은 이 상태에서 자신을 도덕적 형상으로 간주합니다. 그 사람은 이제 지상 행위의 도덕적 질에 의해 만들어진 내적인 무엇인가를 가지게 됩니다. 인간은 자신의 아스트랄적 유기체를 주시합니다. 하지만 이 아스트랄적 유기체 안으로 정신적·우주적인 세계가 비쳐 들어옵니다. 정신적·우주적인 세계가 지상에서 행해진 그 사람의 행위에 대해 말하는 것은 행위를 보여주는 상이 되어 인간의 영혼 앞에 나타납니다.

14 　죽음과 함께 사람은 지상의 현존에서와는 다른 리듬을 체험합니다. 이 리듬은 지상의 활동을 우주적으로 복제한 것처럼 보입니다. 그리고 이 추체험 안으로는 정신우주의 생명이 지속적으로 흘

러드는데, 이는 지상의 삶에서 호흡하는 공기가 폐로 흘러드는 것과 같습니다. 의식 안에 들어온 우주적 체험에는 물질적 리듬의 모상인 리듬이 나타납니다. 지상의 존재인 사람을 통해서 일어났던 일은 도덕적 내용을 갖춘 세계로서 우주적 리듬 안에서 탈도덕적인 세계의 일부가 됩니다. 그리고 죽은 뒤 인간은 우주의 품 안에서 만들어지는, 미래 우주에 들어 있는 도덕적 본질의 핵을 체험합니다. 이 미래의 우주는 현재의 우주처럼 순수히 자연적인 질서 안에서만이 아니라 도덕적, 자연적인 질서 안에서도 아무런 제약 없이 자신을 펼쳐 보입니다. 다음과 같은 질문을 통해서 영혼은 생성 과정에 있는 우주적 세계에서 하는 이 체험으로부터 기본적인 느낌을 얻습니다. "앞으로 내게 다가오는 존재 안에서 나는 도덕적, 자연적 세계 질서의 일부가 될 자격이 있는가?"

15   저서 ≪신지학≫에서 저는 인간이 그런 방식으로 죽음 뒤에 얻게 되는 체험의 세계를 *"영혼 세계"*(Seelenwelt)라고 불렀습니다. 영감을 통해서 등장하는 이 세계에 관한 의식은 진정한 우주론의 내용을 제공하는데, 이는 현실에서 인간의 생애에 대한 이미지로 된 인식이 진정한 철학의 내용을 제공하는 것과 마찬가지입니다.

16   지상의 인간 행위로부터 우주적 영향을 받는 우주적 의식에서는, 인간 영혼이 정신적인 것 안에서 앞으로 다가올 물질적 유기체를 준비하기에 충분한 자극이 나올 수 없습니다. 영혼이 영혼 세

계 안에 계속 머물러 있다면, 그 유기체는 썩고 말 것입니다. 영혼은 인간 외부에서 정신적으로 작용하는 우주의 자극을 받아 체험의 세계 안으로 들어가야 합니다. 앞에서 언급한 ≪신지학≫ 책에서 저는 그런 세계를 "*정신 존재들의 나라*"(Geisterland)라고 불렀습니다.

17   옛 전수자들은 정신계의 전수를 통해서 얻게 된 지식을 기반으로 자신들의 신봉자들에게 이렇게 말할 수 있었습니다. "정신적 본질의 잔영은 물질적 세계에서는 태양에 있는데, 여러분은 죽은 뒤 정신 세계에서 그 정신적 존재를 만나게 됩니다. 여러분이 죽으면, 정신적 존재는 여러분을 영혼 세계에서 나와서 정신 세계로 들어가도록 인도할 것입니다. 정신적 존재의 인도를 통해 여러분은 깨끗해져서, 정신 존재들의 나라에서 이 세상에 적합한 물질적 유기체를 준비할 수 있게 될 것입니다."

18   골고타의 신비 시대와 그리스도 후 첫 세기의 정신계 전수자들은 신자들에게 다음과 같이 말해야 했습니다. "여러분이 지상의 존재로 사는 동안 도달할 수 있는 나·의식은 그 나·의식 고유의 본질로 인해 지상에서는 밝아지고, 그래서 죽음 뒤에 등장하는 대척점은 상대적으로 어두워져서, 여러분은 정신적인 태양이라는 인도자를 볼 수 없게 됩니다. 그래서 태양의 본질이 그리스도가 되어

지상으로 내려와서 골고타의 신비를 완성한 것입니다. 지상에 사는 동안 여러분이 골고타의 신비와 생생하게 연결되어 있음을 깨닫게 되면, 그 신비의 의미는 지상의 삶의 일부가 되고, 죽음 뒤에도 사람의 본질 안에서 계속 작용할 것입니다. 그러면 여러분은 그 작용을 통해 그리스도라는 인도자를 알아볼 수 있습니다."

19   4세기부터 정신계 전수자들의 그런 전수된 지식은 인류의 발달 과정에서 잊혀졌습니다. 그리스도교의 새로운 종교적 인식은 인류를 위해 죽음 뒤에까지 미치는 그리스도의 작용을 영감을 바탕으로 다시 우주론적 학문에 포함시켜야 할 것입니다. 의지의 활동 안에 숨어 있는 지상 존재로서의 인간의 일들이 어떻게 죽은 뒤에도 계속 영향을 미치는지에 관해서는 다음 강연에서 설명하도록 하겠습니다.

X.

영혼의 의지 부분의
체험

1   일상적인 의식이 의지로 하여금 활동하게 만들면, 아스트랄적 유기체에서 일정한 부분이 아주 활동적이 됩니다. 그 부분은 느끼기에 해당하는 아스트랄적 유기체보다 물질적 유기체에 더 느슨하게 연결되어 있습니다. 그리고 느끼기에 연결된 아스트랄 유기체(Astralorganismus)의 이 부분은 생각하기와 연결된 물질적 유기체보다 더 느슨하게 연결되어 있습니다. 동시에 의지의 아스트랄적 유기체 안에는 "나"의 진정한 본질이 들어 있습니다. 물질적 유기체에서 리듬에 관련된 부분과 지속적이고 활동적으로 연결되어 있는 영혼적·정신적인 것이 감정에 상응하는 반면, 영혼에서 의지에 해당하는 부분은 신진대사를 담당하는 유기체와 사지 기관[신체의 두 팔과 다리]에 지속적으로 스며들어 있습니다. 하지만 영혼의 이 부분은 어떤 행동(ein Wollen)이 일어날 때 사람 실체의 사지들과 활동적으로 연결됩니다.

2   영혼에서 생각하기라는 활동이 일어나는 부분과 뇌조직의 관계는 정신적·영혼적인 것이 물질적 유기체에 던져진 것이라 할 수 있습니다. 느끼는 영혼과 리듬을 담당하는 조직의 관계는 던져졌

다가 다시 물러서는 것이 교대로 일어나는 것입니다. 그러나 의지 부분은 의식되지 않은 영혼적인 것으로서 신체적인 것을 체험합니다. 그것은 신체적이고 에테르적인 일들에 대한 무의식적인 열망입니다. 이 의지 부분은 자신의 본질로 인해 신체적 행위로 바뀌지 않습니다. 의지 부분은 신체적 활동과 거리를 두고, 영혼적·정신적으로 살아있습니다. 영혼의 사고 부분의 활동이 신진대사와 사지 조직에까지 미칠 때만, 의지 부분은 신체적이고 에테르적인 조직에 던져져서 그 안에서 활동하게 됩니다.

3   영혼의 생각하기 부분에서 기반이 되는 것은 물질적 유기체의 분해 활동입니다. 사고를 구성하는 과정에서 이 분해는 뇌조직까지만 도달합니다. 의지에 해당하는 것이 생겨나야 하는 경우, 분해 활동은 신진대사 조직과 사지 조직에 미칩니다. 사고의 힘은 몸통과 사지 유기체 안으로 흘러 들어가서, 그 안에서 물질적 유기체의 분해 활동에 해당하는 역할을 합니다. 그것은 영혼의 의지 부분을 자극해서, 분해에 대항하는 구성 활동, 분해하는 유기적 활동에 맞서 만들어내고, 형성하는 활동을 하도록 합니다.

4   그런 방식으로 생과 사는 인간의 본질 안에서 서로 싸웁니다. 생각하기라는 활동에는 언제나 사멸이 이루지는 유기적 작용이 나타납니다. 그에 비해 의지의 행위에서는 생명을 깨우는 것, 생명을 창조하는 것이 등장합니다.

5 　　영혼 수련에서 초감각적인 직시를 목표로 하는 의지 수련은 그 수련이 내적 고통을 체험하게 만들 때만 효과를 발휘합니다. 자기 의지에 더 고양된 에너지를 불어넣으면, 사람은 고통을 느끼게 됩니다. 인류 발달의 초기에는 금욕 수련으로 이 고통을 얻었습니다. 금욕 수련을 통해서 신체는 영혼이 자기 쪽으로 기울지 못하도록 했습니다. 그런 상태는 영혼의 의지 부분으로 하여금 몸에서 떨어져 나와 독립적으로 정신적 세계를 체험하도록 했습니다.

6 　　그런 수련 방식은 지구 발달의 현시점에 도달한 사람의 유기체에는 적합하지 않습니다. 오늘날 인간은 금욕이라는 옛 수련 방식을 도입하면 '나'의 발달 토대인 그 몸이 방해를 받는 상태가 되었습니다. 그래서 그와는 완전히 반대인 방식을 택해야 합니다. 오늘날 영혼의 의지 부분을 신체에서 해방시키기 위해 해야 하는 영혼 수련은 앞에서 설명한 성격을 갖춘 것들입니다. 그것은 신체의 측면으로부터가 아니라 영혼의 측면에서 영혼의 의지 부분을 강화하는 방법입니다. 그런 방법은 인간 안에 있는 영혼의 정신적인 것을 강화하면서도 물질의 신체적인 것을 건드리지 않습니다.

7 　　고통 체험이라는 것이 영혼적 체험의 발달과 어떻게 연계되어 있는지는 일상적인 의식으로도 알 수 있습니다. 얼마간이라도 고차적 인식을 얻은 사람이라면 누구나 이렇게 말할 것입니다. "나는 내 인생에 행복과 즐거움을 준 운명에 감사합니다. 하지만 진정

한 현실에 뿌리를 둔 생의 깨달음을 준 것은 쓰라리고 고통스러운 나의 체험들 이었습니다."

8   직관적인 인식을 얻기 위해서 필요한 경우처럼 영혼의 의지 부분이 강해져야 한다면, 먼저 인간의 일상적인 삶에서 물질적 유기체를 통해 작동하는 열망이 강화되어야 합니다. 열망을 강화하려면 그에 알맞는 수련이 필요합니다. 그런 수련을 통해서 열망이 강해져서 지상의 존재인 물질적 유기체가 그런 열망의 바탕이 될 수 없게 되면, 영혼의 의지 부분에 대한 체험은 정신 세계로 넘어갑니다. 그리고 직관적인 직시가 나타납니다. 즉, 그런 직시를 위해 영혼생명의 정신적이고도 영원한 한 부분이 자기 스스로를 의식하게 된다는 것입니다. 몸 안에 사는 의식이 자신 안에서 정신적이고 영원한 *이 부분*을 체험하는 것과 같이, 정신적 의식은 정신 세계의 내용을 체험합니다.

9   사람이 생각하고, 느끼고, 행동하는 유기적 조직에서 보여주듯, 사람의 조직이 구성과 분해를 되풀이하는 것에서 우리는 지상 존재인 사람의 일반적인 삶의 전개를 보아야 합니다. 그 삶은 아동기와 성인일 때가 서로 다릅니다. 분해와 구성의 힘이 어린 시기에 어떻게 작용하는지, 그리고 교육과 수업이 어린 아이에게 어떤 작용을 하는지 통찰하는 것은 참된 교육학의 과제입니다. 그런 교육

학은 초감각적인 것을 바탕으로 하여 인간 본성을 그 신체적, 영혼적, 정신적 본질에 따라 완벽하게 인식하는 데서 시작됩니다. 자연과학으로 파악할 수 있는 것과 파악할 수 없는 것의 경계에 있는 인식은 참된 교육학의 기초가 될 수 없습니다.

10   아픈 사람에게는 그 유기체 전체 또는 일부분의 기관에서 구성하는 힘과 분해하는 힘의 정상적인 상호작용이 교란됩니다. 그런 상태에서는 개별 기관이나 기능에서 증식하는 생명의 증가나 개별 기관과 기능을 박멸하는 형성의 감소가 우세합니다. 그때 일어나는 일을 조망하려면, 사람의 전체 조직을 그 물질적 유기체, 에테르적 유기체, 아스트랄적 유기체, 나·본질에 따라 인식할 수 있어야 합니다. 그리고 치유 수단도 그런 인식을 통해서만 찾아낼 수 있습니다. 그 이유는 외부 세계의 영역에는 광물적 본질과 식물적 본질이 존재하며, 그런 것들 안에서 사람은 명백한 인식을 바탕으로 유기체 안에서 지나치게 강하게 구성하거나 분해하는 힘에 특정한 방식으로 대항하는 힘들을 인식하기 때문입니다. 그렇게 대항하는 힘은 건강한 상태에서는 작동하지 않거나 반응하지 않는 유기체의 작용에서도 발견될 수 있습니다. 참된 의학적 지식, 제대로 된 병리학과 치료법은 정신과 영혼과 몸 모두를 포괄하는 인간에 관한 인식을 바탕으로 구축되어야 합니다. 그런 인간 인식이라면 이미지적인 상상과 영감과 직관의 결과들을 이용할 수 있을 것이기 때문입니다. 오늘날 사람들은 그런 의학을 요구하는 목

소리를 두고 어리석다고 말합니다. 오로지 감각적 과학의 관점에 서만 판단하기 때문입니다. 그런 관점을 가지고 있으면 그렇게밖에 생각할 수 없습니다. 그런 사람은 몸만으로 이루어진 인간에 대해 아는 것보다 훨씬 더 많은 것을 알아야 전체로서의 인간을 알 수 있다는 것을 짐작조차 못하기 때문입니다. 분명히 말할 수 있는 것은 인지학이 자신을 반대하는 사람들의 논점이 무엇인지 알고 있을 뿐 아니라 그들의 논점을 존중한다는 사실입니다. 하지만 바로 그렇기 때문에 인지학은 그 반대자들을 설득하는 것이 얼마나 어려운 일인지도 잘 압니다.

11   영혼의 의지 부분은 감정 부분에서 벌어지는 일을 함께 체험합니다. 일상적인 영혼 활동에는 이 체험이 의식되지 않습니다. 하지만 인간 조직의 심층에서는 그것이 사실의 연관성으로 체험됩니다. 그 심층에서 사람의 지상 행위에 대한 감정과 의지의 가치평가는 가치가 낮은 행위를 다음 체험의 가치가 높은 행위에 견주어 비교하려는 노력으로 바뀝니다. 사람의 전체 도덕적 질은 의식되지 않은 상태로 체험됩니다. 그리고 그 체험으로부터 일종의 정신적·영혼적인 본질이 형성되는데, 이 본질은 지상에 사는 동안 그 사람의 존재 가운데 의식되지 않는 영역에서 자라납니다. 이 본질은 도달해야 하는 목표라고 지상의 존재가 내놓은 것입니다. 하지만 사람은 *지상의 존재로서는* 그 목표에 도달할 수 없습니다. 이전에 지상의 삶을 살면서 특정한 모양을 갖춘 물질적이고 에테르

적인 유기체가 그 목표에 도달하는 것을 막기 때문입니다. 그런 이유로 인간에게는 이 정신적이고 영혼적 본질을 통해서 다른 물질적, 에테르적 유기체를 형성하고, 그 유기체를 통해 지상 존재의 도덕적 결과가 그 뒤의 체험에서 달라질 수 있도록 하려는 경향이 있습니다.

12 그런 물질적이고 에테르적인 유기체가 형성되려면, 사람이 앞에서 언급한 정신적이고 영혼적인 본질을 죽음의 문을 지나 초감각적인 세계로 이끌어가야 합니다.

13 사망 직후 영혼적·정신적 사람은 잠시 동안은 에테르적 유기체 자체를 그대로 지니고 있습니다. 이때 의식 안에는 지상에서 사는 동안 생겼으나 의식되지 않았던 도덕적이고 정신적·영혼적인 가치 실체(geistig-seelisches Wertwesen)에 대한 암시만 등장합니다. 잠깐 이 시기에 사람은 에테르적 우주를 통찰하는 데 온전히 잠겨있기 때문입니다. 뒤이어 오는 좀 더 긴 체험(저의 저서 ≪신지학≫에서 "영혼세계"라고 이름 붙인)에서는 이 도덕적 가치의 실체를 분명히 의식하기는 하지만, 다음에 올 물질적 유기체의 생명을 시작하기 위한 정신의 배아를 구축할 힘은 아직 없습니다. 이 시점에서 사람은 지상에 사는 동안 얻은 도덕적 질 때문에 여전히 지상의 생을 돌이켜보는 경향이 있습니다. 일정한 시간이 흐른 뒤에야

이 [정신의] 사람은 더 이상 그런 경향이 존재하지 않는 체험 상태로 넘어갈 수 있게 됩니다(그 상태에서 사람이 위치하는 영역을 ≪신지학≫에서 "정신계"(Geistgebiet)라고 불렀습니다). 죽은 뒤 사람이 우주적 의식 안에서 얻는 초감각적 사고 내용의 관점에서는 다음과 같이 말할 수 있습니다. 사람은 죽은 뒤에도 얼마 동안 지상에 속해 있습니다. 이는 물질적 달의 등장에서 그 감각적 모상이 나타나는 정신적 힘을 통해서, 사람이 자기 자신 안으로 스며든 상태입니다. 외형적으로는 사람이 이미 지상과는 분리되었지만, 자신의 정신적·영혼적인 내용을 통해서 간접적으로 지상과 연결되어 있습니다. 지상의 존재로 사는 동안 사람이 자신의 아스트랄적 유기체 안에 있는 (또는 앞에서 말한 것처럼 감정과 의지에 의한 영혼의 삶의 의식되지 않는 영역 안에 있는) 실제적인 가치 실체에 대해 내리는 모든 도덕적·정신적인 평가가 달의 특정한 정신적인 힘들과 함께 자기 안으로 스며듭니다. 이 도덕적이고 정신적인 가치 실체는 내용으로 보아 달의 정신적 힘들과 닮았습니다. 그리고 이 힘들이 바로 그 사람을 지상에 잡아둡니다. 하지만 다음에 지상에서 살게 될 물질적 유기체를 위한 정신의 배아를 형성해내기 위해, 사람은 정신적·영혼적으로도 지상에서 분리되어야 합니다. 그러려면 인간은 달의 힘 영역으로부터도 떨어져 나와야 합니다. 사람은 자신과 닮은 도덕적 가치 실체를 그 영역에 내버려두어야 합니다. 왜냐하면 초감각적 세계의 정신적 실체와 연관되어 장래의 물질적 유기체를 준비하는 작용은 도덕적 가치 실체를 통해서 용이하게 이루어져야 하기 때문입니다.

14   사람 자신의 정신적·영혼적인 힘으로는 달의 정신적 힘의 영
역에서 떨어져 나올 수 없습니다. 그렇다고 해도 그 분리는 어떻게
든 이루어져야 합니다.

15   골고타 신비 이전에는 비전학秘傳學(Initiationswissenschaft)의 내용에
서 사람을 이렇게 말할 수 있었습니다. 지상의 삶이 끝나고 일정
한 시간이 지난 뒤에는, 사람을 행성의 삶이라는 영역에 잡아 두던
사람의 체험은 달의 영역에서 분리되어야 한다고 말입니다. 사람
은 자신의 힘으로는 그 영역에서 벗어나지 못합니다. 하지만 태양
을 자신의 물질적 잔영으로 하는 존재가 사람을 위해 나타나 사람
을 순수히 정신적인 영역으로 인도합니다. 그곳은 달의 정신적 실
체가 아니라 태양을 자신의 물질적 잔영으로 하는 존재 스스로가
작용하는 영역입니다. 사람이 별의 상태를 체험하는 것은 성좌의
정신적 근원상을 어느 정도 다른 측면에서, 즉 우주의 외곽에서 관
찰함으로써 가능해집니다. 별들이 모습을 드러낸다고 해도, 이 관
찰은 비공간적인 관찰입니다. 이제 여러 힘이 사람 안으로 스며들
면, 그 사람은 물질적 유기체의 정신적 배아를 우주로부터 만들어
낼 가능성은 커집니다. 신적인 것이 그 배아 안에 신적인 것을 완
성합니다. 정신적 배아가 충분히 성숙하면, 새롭게 지상의 존재로

내려가기 시작합니다. 사람은 다시 달의 영역으로 들어갑니다. 그
곳에서 사람은 자신의 도덕적·정신적인 가치의 실체를 만나는데,
그것은 그가 순수한 별의 상태로 들어가며 그곳에 남겨 놓은 것입
니다. 그리고 이 사람은 그 도덕적·정신적인 실체를 자신의 운명
에 따른 (우주에 의해 정해진) 다음 지상의 삶을 위한 바탕으로 삼
기 위해서 자신의 영혼적·정신적인 본질에 받아들입니다.

16   그리스도교의 비전학은 좀 다른 이야기를 합니다. 지상에서
살았던 그리스도의 삶과 골고타 신비를 이해와 활동을 통해서 감
정으로 함께 체험하면 영혼을 위해 힘이 생깁니다. 그 힘을 받아들
임으로써 사람은 죽은 뒤 태양의 존재를 통해서가 아니라 이미 지
상에서 지상의 삶 이후의 일정한 시점에 달의 영향력으로부터 벗
어날 능력, 그리고 순수한 별의 영역으로 들어갈 능력을 가지게 됩
니다. 이 능력은 나·의식을 통해 지상의 삶에서 이끌어낸 *자유의
복제판*인데, 그것은 정신적이며 죽은 뒤에 체험하는 것입니다. 그
러면 죽음과 새로운 탄생 사이의 시간에 사람은 자신이 달의 영역
에 남겨두었던 도덕적·정신적 가치 본성을 자기 운명의 조형가로
넘겨받습니다. 사람은 그렇게 함으로써 다음 지상의 삶에서 자유
롭게 그 가치 본성을 체험할 수 있게 됩니다. 또한 사람은 죽음과
탄생 사이에 신과 함께한 상태에서 바라보아 지상에 미친 영향을
경건한 의식(religiöses Bewusstsein)으로 자유롭게 소유합니다.

17   새로운 비전학은 그 점을 꿰뚫어볼 수 있고 사람의 존재에 미

치는 그리스도의 영향을 인식할 수 있습니다. 새로운 비전학은 생동적인 철학과 정신·우주(Geist-Kosmos)를 포괄하는 우주론에 종교적 인식을 덧붙이는데, 그것은 그리스도를 새로워진 종교적 의식의 중재자로, 그리고 자유 안에서 세계를 인도하는 자로 받아들이는 인식입니다.

18   이 일련의 강연에서 저는 철학과 우주론과 종교에 대한 인식이 새롭게 만들어져야 함을 스케치하듯 간단히 설명했습니다. 그 스케치가 화려한 그림이 되도록 완성하는 데는 훨씬 많은 설명이 있어야 할 것입니다.

루돌프 슈타이너
생애와 주요 활동

1861 - 1879
어린 시절과 청년기: 오스트리아

- 1861년 2월 27일 루돌프 요제프 로렌츠 슈타이너는 크랄예베치Kraljevec(당시 헝가리, 지금은 크로아티아에 속함)에서 니더외스터라이히Niederösterreich 출신 프란치스카 슈타이너와 요한 슈타이너의 첫째 아이로 태어났다.
- 전신기사로 일하던 부친은 곧 오스트리아 남부철도회사의 역장이 되었고, 이 때문에 그의 가족은 1862년 뫼들링Mödling, 1863년 포트샤흐Pottschach, 1869년 부르겐란트Burgenland 지방의 노이되르플Neudörfl 등으로 이사를 다녀야 했다. 1864년 여동생 레오폴디네, 1866년 남동생 구스타프가 태어났다.
- 루돌프 슈타이너는 환경 덕분에 기술 분야에 매료되어 어릴 때부터 수학과 기하학 공부에 열심이었으며 그림에 소질을 보였다. 그리고 16세가 되었을 때부터 철학에 빠져들었다.
- 1879년 대학입학자격시험을 우등으로 통과했다.

1879 - 1890
대학생, 괴테 저작의 발행인, 가정교사, 잡지 편집인 시절: 빈

- 1879년부터 1882년까지 빈 공과대학에서 수학했다. 수학, 물리학, 식물학, 동물학, 화학을 전공하는 한편, 문학, 역사, 철학을 공부했다. 프란츠 브렌타노Franz Brentano 등의 강의를 들었다.
- 문학사가이자 괴테 전문가인 카를 율리우스 슈뢰어Julius Schröer의 추천을 받아 퀴르슈너Kürschner의 《독일 국민 문학》판 괴테전집의 자연과학 저작 부분의 발행인으로 초빙되었다.
- 논문 〈원자론의 개념들에 대해 유일하게 가능한 비판〉(Einzig mögliche Kritik der atomistischen Begriffe)를 발표했다. 훗날 슈타이너는 이 논문이 자신의 연구에서 "기초 신경"이라고 밝혔다.

- 1884년부터 1890년까지 빈의 사업가 라디슬라우스 슈페히트Ladislaus Specht 집안의 가정교사로 일했다. 그 집의 주치의이자 당시 빈에서 명성이 높았던 내과의사 요제프 브로이어Josef Breuer을 만났는데, 오늘날 그는 정신분석학의 개척자로 여겨진다.
- ≪괴테의 자연과학 저작집≫(Goethes Naturwissenschaftlichen Schriften) 제1권이 발간되었다. 2~4권은 1887년에서 1897년에 걸쳐 발간되었다.
- 시인이자 나중에 여권활동가로 이름을 날린 로자 마이레더Rosa Mayreder(≪여성성 비판≫), 프리드리히 에크슈타인Friedrich Eckstein(훗날 작곡가 안톤 브루크너Anton Bruckner의 비서이자 전기 작가로 활동) 등과 교류했다. 철학자 에두아르트 폰 하르트만Eduard von Hartmann과 편지를 주고받았다.
- 괴테전집을 위한 작업 이외에도 퀴르슈너 교수의 요청으로 ≪피러 회화사전≫(Pierers Konversationslexikon)을 비롯한 여러 사전에 많은 항목을 집필했다.
- 1886년 루돌프 슈타이너의 첫 번째 단행본인 ≪괴테 세계관의 인식론적 토대≫(Grundlinien einer Erkenntnistheorie der Goetheschen Weltanschauung)를 발행했다.
- 괴테문서실장 에리히 슈미트Erich Schmidt가 루돌프 슈타이너에게 소피Sophie판 괴테전집 작업에 참여할 의사가 있는지 문의했다.
- 논문 〈자연 그리고 우리의 이상들〉(Die Natur und unsere Ideale) 발표.
- 빈에서 나오는 잡지 〈도이체 보헨슈리프트Deutsche Wochenschrift〉(독일주간)의 편집인이 되었다. 1888년 오스트리아-헝가리제국의 정치적 사안들에 관해 많은 기사를 썼다.
- 1888년 빈의 괴테협회에서 "새로운 미학의 아버지 괴테"라는 제목으로 강연을 했다.

1890 - 1897
괴테전집 발행인, 니체 연구자: 바이마르

- 괴테·실러문서실에서 일했다. 1891년에서 1896년 사이에 발간된 소피판 괴테전집을 위해 괴테의 자연과학 저작의 몇 부문을 발행했다.
- 헤르만 그림Herman Grimm, 에른스트 해켈Ernst Haekel, 에두아르트 폰 하르트만 등을 만나고, 시인 가브리엘레 로이터Gabriele Reuter, 작곡가 리스트의 제자 콘라트 안조르게Conrad Ansorge, 슈티르너Stirner 전기를 쓴 존 헨리 매케이John Henry Mackay, 니체 저작 발행인 프리츠 쾨겔Fritz Koegel 등과 교류했다.
- ≪코타 세계문학총서≫에 쇼펜하우어 전집 12권과 장 파울 전집 8권을 편집했다. "저명 문학사가들의 서문"을 붙인 ≪베를린 고전 선집≫을 위해 크리스토프 마르

틴 빌란트Christoph Martin Wieland와 요한 루트비히 울란트Johann Ludwig Uhland의 저작
들을 자신이 서문을 붙여 발행했다.

- 하인리히 폰 슈타인Heinrich von Stein 교수의 지도를 받아 〈특히 피히테의 지식학을 고
려한 인식론의 기본문제. "자신"에 대한 철학적 의식의 이해에 관한 연구〉(Die Grundfrage
der Erkenntnistheorie mit besonderer Rücksicht auf Fichtes Wissenschaftslehre.
Prolegomena zur Verständigung des philosophierenden Bewusstseins mit sich selbst)
로 로스토크 대학에서 철학박사 학위를 받았다. 이 학위논문은 1892년에 ≪진리와
과학. 자유의 철학의 서막≫(Wahrheit und Wissenschaft. Vorspiel einer Phiosophie
der Freiheit)이라는 제목으로 발간되었는데, 에두아르트 폰 하르트만 교수에게 헌정
되었다.
- 1893년 가을, 루돌프 슈타이너의 철학 분야 주저인 ≪자유의 철학≫(Die Philosophie
der Freiheit)이 발간되었다.
- 나움부르크Naumburg의 니체문서실을 여러 차례 방문하고 머물렀다. 니체의 여동
생 엘리자베트 푀르스터 니체Elisabeth Förster Nietzsche를 만났는데, 그녀는 루돌프
슈타이너가 니체 저작집의 공동발행인으로 일하기를 원했다. 병석의 프리드리히
니체를 만났다. 1895년 니체에 관한 루돌프 슈타이너의 책 ≪시대에 맞선 투사 니
체≫(Friedrich Nietzsche, ein Kämpfer gegen seiner Zeit)가 발간되었다.
- 1897년에 발행된 ≪괴테의 세계관≫(Goethes Weltanschuung)에서 그동안의 괴테
연구를 요약하여 서술했다.

1897 - 1905
편집자, 교사, 강연자, 저술가: 베를린

- 1897년부터 1900년까지 〈마가친 퓌어 리테라투어Magazin für Literatur〉(문학잡지)와
독일연극협회 기관지인 〈드라마투리기셰 블래터Darmaturgische Blätter〉(연극평론)의
발행인이자 편집인으로 활동했다. 이 두 잡지와 다른 간행물들에 문학과 철학 문
제를 다룬 많은 논문을 게재하고 연극비평과 서평을 썼다.
- 자유문학협회, 조르다노 브루노 연맹, 문예인 모임인 "디 콤멘덴Die
Kommenden"(미래인) 등에서 강연했다. 엘제 라스커 쉴러Else Lasker Schüler, 페터
힐레Peter Hille, 슈테판 츠바이크Stefan Zweig, 캐테 콜비츠Käthe Kollwitz, 에리히 뮈잠
Erich Mühsam, 파울 셰르바르트Paul Scheerbart, 프랑크 베데킨트Frank Wedekind, 그리
고 "프리드릭스하겐Friedrichshagen 사람들"을 만났다. 루트비히 야코봅스키Ludwig
Jakobowski, 오토 에리히 하르트레벤Otto Erich Hartleben과 교유했다.
- 1899년 안나 오이니케Anna Eunike와 결혼했다. 안나 오이니케는 1911년에 세상을
떠났다.

- 빌헬름 리프크네히트Wilhelm Liebknecht가 설립한 베를린의 노동자학교, 그리고 1902년부터는 슈판다우Spandau 노동자학교에서 가르쳤다. 1899년부터 1904년까지 이어진 이 교육 활동의 수업 과목은 역사, 강연법, 문학, 자연과학 등이었다. 쿠르트 아이스너Kurt Eisner와 로자 룩셈부르크Rosa Luxemburg를 만났다.
- 1900년 ≪19세기의 세계관과 인생관≫(Welt- und Lebensanschauungen im neunzehnten Jahrhundert) 제1권을 출간했으며, 제2권의 출간은 일 년 뒤인 1901년에 이루어졌다. 이 저작의 개정증보판은 제목을 ≪철학의 수수께끼≫(Die Rätsel der Philosophie)로 바꾸어1914년에 출간되었다.
- 구텐베르크 500주년에 베를린의 한 서커스 공연장에서 7000명의 활자공과 인쇄공 앞에서 기념 강연을 했다.
- 1900년 가을, 신지학 도서관에서 연속 강연회를 가졌다. 주제는 니체, 괴테의 "동화", 신비학, 신비학과 현재의 관계 등이었다.
- 1900년 처음으로 마리 폰 지버스Marie von Sievers를 만났다. 1902년 이래 그녀는 루돌프 슈타이너의 가장 밀접한 동료가 되었다. 폰 지버스는 파리음악원에서 낭송예술을, 페테르부르크에서 연극예술을 공부했다. 에두아르 쉬레Edouard Shuré의 여러 작품을 독일어로 옮겼다.
- ≪근대 정신생활 출현기의 신비주의, 그리고 현대 세계관과의 관계≫(Die Mystik im Aufgange des neuzeitlichen Geisteslebens und ihr Verhältnis zur modernen Weltanschauung)를 출간했다. 1901/02년에 신지학협회에서 행한 두 번째 순회 강연을 손보아 ≪신비적 사실로서의 그리스도교≫(Christentum als mystische Tatsache)라는 제목으로 출간했다.
- 헬레나 페트로브나 블라바츠키Helena Petrowna Blavatsky와 헨리 스틸 올코트Henry Steel Olcott가 1875년에 창립한 신지학협회의 회원이 되었고, 1902년 10월부터 신지학협회 독일지부의 사무총장으로 일했다. 애니 베전트Annie Besant를 만났다.
- 1902년부터 1904년까지 "프리드릭스하겐 사람들"인 브루노 빌레Bruno Wille와 빌헬름 뵐셰Wilhelm Bölsche가 세운 자유대학에서 초빙강사로 활동했다.

1902 - 1912
신지학에서 인지학으로. 국내외의 강연 여행

- 마리 폰 지버스와 함께 국내외에 신지학 집회소를 구축했다. 공개강연과 신지학협회 회원을 위한 강연을 활발하게 행했다. 1904년 비교秘密학교Esoterische Schule 기관에서 활동했다.
- 월간지 〈루시퍼〉(Luzifer)를 창간하여 발행인이자 편집인으로 일했다. 잡지의 제호는 1903년에 〈루시퍼 그노시스Lucifer-Gnosis〉로 바뀌었다. 이 잡지에는 루돌프

슈타이너의 주요 논문들이 연재되었다. 연재된 논문은 〈어떻게 초감각적 세계의 인식에 도달할 것인가?〉(Wie erlangt man Erkenntnissen höheren Welten?), 〈아카샤 기록의 해석〉(Aus der Akasha-Chronik), 〈신지학과 사회 문제〉(Theosophie und soziale Frage), 〈아동교육〉(Die Erziehung des Kindes), 〈고차적 인식의 단계들〉(Die Stufen der höheren Erkenntnis) 등이었고, 훗날 단행본으로 출판되었다.

- 크리스티안 모르겐슈테른Christian Morgenstern, 에두아르 쉬레와 교유했다. 1908년에는 바실리 칸딘스키를 만났다.
- 1903/04년부터 해마다 가을, 겨울에 베를린의 건축가협회 등에서 일반을 위한 연속강연을 가졌는데, 강연 주제는 "인간의 기원과 목표", "영혼 생명의 생성변형론", 현존재의 주요 질문에 대한 정신과학의 대답" 등이었다.
- 1904년, 기본서에 속하는 ≪신지학. 초감각적 세계 인식과 인간 규정 입문≫(Ein-führung in übersinnliche Welterkenntnis und Menschenbestimmung)을 출판했다.
- 파리, 부다페스트, 네덜란드, 스칸디나비아, 이탈리아를 비롯해서 독일과 스위스의 여러 도시에서 강연했다. 뮌헨에서 에두아르 쉬레의 연극들을 연출했다.
- 1910년, 우주론과 진화론의 문제들에 관한 연구 결과를 ≪신비학 개요≫(Geheimwissenschaft im Umriss)라는 제목으로 출판했다.
- 1910년에서 1913년에 걸쳐 자신이 쓴 네 편의 신비극을 연출하여 초연했다.
- 연극 공연과 강연을 위한 건물의 설계도를 그렸다. 뮌헨의 슈바빙 지역에 지으려던 이 건축 계획은 주민과 관청의 저항으로 무산되었다.
- ≪인간과 인류의 정신적 인도≫(Die geistige Führung des Menschen und der Menschheit), ≪인간이 자기 인식을 얻는 과정≫(Ein Weg zur Selbsterkenntnis des Menschen), ≪정신세계의 문턱≫(Die Schwelle der geistigen Welt) 등을 출간했다.
- 1910년에 쓰기 시작한 ≪인지학≫(Anthroposophie)은 미완작으로 남았다. 감각론을 집중적으로 연구했다.
- 1911년, 쾰른에서 러시아 작가 안드레이 벨리Andrej Belyj(≪페테르부르크≫의 저자)를 만났는데, 이 만남은 벨리의 삶과 작품에 큰 영향을 끼쳤다. 프라하에서 프란츠 카프카, 막스 브로트Max Brod, 후고 베르크만Hugo Bergmann을 만났다.
- 1911년, 새로운 동작예술인 "오이리트미Eurythmie"를 창안하여 발전시켜 나갔다.

1912 - 1918
인지학협회 창립. 건축가, 예술가, 강연자

- 1912/13년, 신지학협회와 결별하고 인지학협회를 창립했다. 국내외에 인지학협회 지부들을 설립했다.
- 국내외 많은 도시에서 강연했다. 주제는 재탄생과 카르마, 성서, 죽음과 새로운 탄

생 사이의 삶, 신비의 역사, 감각론, 진화의 역사 등이었다.

- 1913/19년, 루돌프 슈타이너의 지휘와 여러 나라의 수많은 예술가들의 협력으로, 연극, 오이리트미, 강연 등을 위해 루돌프 슈타이너가 설계한 괴테아눔Goetheanum 이 스위스 도르나흐Dornach에 세워졌다. 제1차 괴테아눔은 서로 이어지는 두 개의 돔 지붕에 유기적 조소예술로 장식된 기둥을 가진 목조건축물이었다. 이 건물을 위한 루돌프 슈타이너의 예술 작품으로는 조형적인 내외장(설계), 천정화(초안 스케치, 부분적인 제작 참여), 스테인드글라스(문양 초안), 높이 9미터의 목조 조 각품 "인류의 대표상"(초안 구상, 부분적인 예술작업 참여) 등이 있다.
- 1914년, 마리 폰 지버스와 결혼했다.
- 루돌프 슈타이너의 설계에 따라 도르나흐 언덕에 지어진 괴테아눔 건축물뿐 아니 라 그 주변에는 특징적인 건축물들이 주거와 업무용으로(글라스하우스, 난방공급 실, 둘데크Duldeck하우스, 변전실, 판 블로메스타인van Blommestein하우스) 들어섰 다. 1920년대 초반에는 프레데Vreede하우스(아를레스하임), 세 채의 오이리트미 관, 야거Jaager 저택(아틀리에와 주거용), 오이리트메움Eurythmeum(기존의 주택을 증축함), 출판사, 베크만Wegman관(아를레스하임), 슈어만Schuurman저택(음악연습 실 겸용)건물 등이 들어섰다. 독일 슈투트가르트에 오이리트미학교가 세워졌지만 제2차 세계대전 중에 파괴되었다.
- 예술, 건축, 시사, 정신과학 등을 주제로 국내외에서 여러 차례 강연회를 가졌다.
- 1917년, 인간유기체의 3구성론(신경·감각체계, 리듬체계, 신진대사·사지체계), 인간학과 인지학의 관계 해설 등에 관한 루돌프 슈타이너의 연구 결과를 정리한 ≪영혼의 수수께끼≫(Von Seelenrätseln)를 출간했다.

1917 - 1923
사회개혁가, 학교 설립자, 언론인

- 중부유럽의 상황에 관해 정치인 오토 그라프 레르헨펠트Otto Graf Lerchenfeld와 대 화를 나눈 뒤, 루돌프 슈타이너는 공공생활의 사회적 개혁 전망을 담은 두 편의 메모랜덤을 작성했다. 1917년, 이 글은 독일(퀼만Kühlmann, 막스 폰 바덴Max von Baden 왕자)과 오스트리아(카를Karl 황제)의 다수의 영향력 있는 정치인들에게 전 달되었다.
- "사회 문제"를 주제로 취리히에서 가진 연속강연의 기록은 개정작업을 거쳐 1919 년 4월 ≪현재와 미래의 삶에 필연적인 사회 문제의 핵심≫(Die Kernpunkte der sozialen Frage in den Lebensnotwendigkeiten der Gegenwart und Zukunft)이라는 제목으로 출간되었다. 이 저작의 주된 사고는 "사회유기체의 3구성론"으로, 이는 국가의 해체를 통해 자유로운 정신생활로 옮겨가는 것, 민주적 법생활, 연대적 경

제생활의 실현을 의미하는 것이었다.

- 슈투트가르트와 그 주변 지역에서 노동자단체 대표들 및 기업가들을 상대로 한 강연과 다수의 간담회에서 루돌프 슈타이너는 기업마다 노사운영위원회를 설치해야 한다고 역설했다.
- 집중적인 준비 작업을 거쳐 1919년 가을에 슈투트가르트에 초등학교와 상급학교의 통합과정을 갖춘 자유발도르프학교를 설립했다. 발도르프 아스토리아Waldorf Astoria 담배공장의 사장이자 헤르만 헤세의 동창생인 에밀 몰트Emil Molt가 후원자 역할을 했다. 루돌프 슈타이너는 개교했을 때부터 1925년 세상을 떠날 때까지 학교를 이끌었다. 교육학 과정에서는 교사를 양성했다.
- 1919년 2월 24일에는 마리 슈타이너의 지도로 취리히의 파우-엔테아터Pfauentheater 에서 오이리트미 예술을 처음으로 무대에 올렸다.

1920 - 1925
강연자, 예술가, 동기부여자

- 독일 국내외에서 많은 강연을 하고, 인지학협회 회원들을 위한 연속강연회를 가졌다. 주제는 "소우주와 대우주의 상응 관계", 우주의 지혜를 다루는 학문으로서의 인지학", "우주적 맥락 안에 존재하는 인간", "창조, 형성, 형상화를 이루는 우주 소리의 조화로 존재하는 인간", "카르마의 연관관계에 대한 비의적 견해" 등이었다. 이와 동시에 여러 전문분야의 주제에 관해 강연해 줄 것을 요청받는 경우가 점점 더 늘었다. 교육학, 의학, 신학, 경제학, 농업(생명역동 농법의 창안), 물리학, 연극예술, 치유교육 등이 강연의 주제였다.
- 화가 양성의 기초를 제공하기 위해 일련의 파스텔화와 수채화("자연의 정취", "프리트바르트Friedwart의 분위기" 등)를 그렸다. 책 표지, 포스터, 행사 프로그램, 레터헤드, 약품 및 화장품 포장 등을 위해 직접 그래픽을 디자인했다.
- 독일 국내외에서 수많은 오이리트미 공연이 이루어졌는데, 루돌프 슈타이너는 이 새로운 동작예술의 기초를 안내하는 개막 강연을 하는 경우가 잦았다.
- 1922년 가을에 루돌프 슈타이너가 참여한 가운데 "종교혁신운동"(그리스도인 공동체)이 조직되었다.
- 인지학 연구 연구소, 병원, 학교들이 연이어 설립되었다. 오늘날 세계 최초의 유기농 화장품과 천연약제품 기업으로 활약하는 벨레다Weleda 주식회사가 세워졌다.
- 잡지 〈사회유기체의 3구성론〉(Dreigliederung des sozialen Organismus)과 〈다스 괴테아눔Das Goetheanum〉에 정기적으로 글을 실었다.
- 1922년 마지막 날, 첫 번째 괴테아눔이 화재로 소실되었다. 그럼에도 불구하고 예술 행사와 강연 등의 업무는 폐허 바로 곁의 목공소에서 이전처럼 진행되었다.

1924년 가을 병석에 눕는 바람에, 루돌프 슈타이너는 콘크리트로 짓는 제2차 괴테아눔(1928년 완공)의 외형 모델만 완성하는 데 그쳤다.

• 국내외에서 인지학 운동이 확산됨에 따라, 1923년 도르나흐에서는 인지학협회의 재창립이 이루어졌고, 루돌프 슈타이너가 회장을 맡았다. 정신과학을 위한 자유대학의 정비도 그의 지휘 아래 이루어졌다. 정신수련을 위한 심화과정은 세 단계로 구성되었다. 자유대학의 전문 분야는 의학, 순수문학, 조형예술과 언어조형, 음악예술, 청년정신훈련, 수학, 천문학, 자연과학, 교육학, 인지학 분과로 나뉘었다.

• 1924년 가을, 루돌프 슈타이너는 병석에 누웠다. 엄청나게 늘어난 강연과 교육과정 활동은 이로 인해 급작스럽게 중단되었다.

• 병석에서도 자서전 ≪내 인생의 발자취≫(Mein Lebensgang)의 집필은 계속되었다. 그리고 여의사인 이타 베크만ta Wegman과 함께 ≪치유예술의 확장을 위한 토대≫라는 책을 썼는데, 이 책은 그의 사후에 출판되었다.

• 1925년 3월 30일, 루돌프 슈타이너는 스위스 바젤 인근의 도르나흐에서 숨을 거두었다. 그의 묘는 괴테아눔 부지에 있으며, 그 옆에는 크리스티안 모르겐슈테른의 유골함이 묻혀 있다.

루돌프 슈타이너
전집 목록

전집 총 354권은 1956년부터 스위스 도르나흐 소재 〈루돌프 슈타이너 유고관리국〉에서 간행되고 있다. 제목 뒤의 출간 연도는 "1883/1897"처럼 연도 표시가 두 번인 경우 초판과 개정판을, "1889-1901"처럼 표시된 것은 저작물의 완성 기간 또는 원고의 연재 기간을 표시한 것이다. 그리고 맨 뒤 괄호 안의 이탤릭체 숫자는 전집번호(GA로 통용)이다.

A. 저작물

1. 저서

Goethes Naturwissenschaftliche Schriften, 5 Bände, 1883/1897 (1a-e); 1925 *(1)*
괴테의 자연과학서, 총 5권 (루돌프 슈타이너의 서문과 해설)

Grundlinien einer Erkenntnistheorie der Goetheschen Weltanschauung, 1886 *(2)*
괴테 세계관의 인식론 개요

Wahrheit und Wissenschaft. Vorspiel einer <Philosophie der Freiheit>, 1892 *(3)*
진리와 과학. 〈자유의 철학〉의 서막

Die Philosophie der Freiheit. Grundzüge einer modernen Weltanschauung, 1894 *(4)*
자유의 철학. 현대 세계관의 개요

Friedrich Nietzsche, ein Kämpfer gegen seine Zeit, 1895 *(5)*
시대에 맞선 투사 니체

Goethes Weltanschauung, 1897 *(6)*
괴테의 세계관

Die Mystik im Aufgange des neuzeitlichen Geisteslebens und ihr Verhältnis zur modernen Weltanschauung, 1901 *(7)*
근대 정신생활 출현기의 신비주의, 그리고 현대 세계관의 관계

Das Christentum als mystische Tatsache und die Mysterien des Altertums, 1902 *(8)*
신비적 사실로서의 그리스도교와 고대의 신비들

Theosophie. Einführung in übersinnliche Welterkenntnis und Menschenbestimmung, 1904 *(9)*
신지학. 초감각적 세계 인식과 인간 규정 입문

Wie erlangt man Erkenntnisse der höheren Welten? 1904/1905 *(10)*
어떻게 초감각적 세계의 인식에 도달할 것인가?

Aus der Akasha-Chronik, 1904-1908 *(11)*
아카샤 연대기로부터 (인간과 지구의 발달. 아카샤 기록의 해석, 한국인지학출판사)

Die Stufen der höheren Erkenntnis, 1905-1908 *(12)*
고차적 인식의 단계들

Die Geheimwissenschaft im Umriß, 1910 *(13)*
신비학 개요

Vier Mysteriendramen, 1910-1913 *(14)*
신비극 4편

Die geistige Führung des Menschen und der Menschheit, 1911 *(15)*
인류와 인간을 위한 정신적 안내

Anthroposophischer Seelenkalender, 1912 *(in 40)*
인지학적 영혼달력 (영혼달력. 루돌프 슈타이너의 명상시 52편, 한국인지학출판사)

Ein Weg zur Selbsterkenntnis des Menschen, 1912 *(16)*
인간의 자기 인식을 얻는 과정

Die Schwelle der geistigen Welt, 1913 *(17)*
정신세계의 문턱

Die Rätsel der Philosophie in ihrer Geschichte als Umriß dargestellt, 1914 *(18)*
철학의 수수께끼. 철학사 개요

Vom Menschenrätsel, 1916 *(20)*
인간이라는 수수께끼

Von Seelenrätseln, 1917 *(21)*
영혼의 수수께끼

Goethes Geistesart in ihrer Offenbarung durch seinen Faust und durch das Märchen von der Schlange und der Lilie, 1918 *(22)*
〈파우스트〉와 〈뱀과 백합의 동화〉에 나타난 괴테의 정신적 특성

Die Kernpunkte der sozialen Frage in den Lebensnotwendigkeiten der Gegenwart und Zukunft, 1919 *(23)*
현재와 미래의 삶에 필연적인 사회 문제의 핵심

Aufsätze über die Dreigliederung des sozialen Organismus und zur Zeitlage, 1915-1921 (24)
사회 유기체의 3구성과 1915-1921년 시대상에 대한 소고들

Philosophie, Kosmologie and Religion, 1922 *(25)*
철학·우주론·종교

Anthroposophische Leitsätze, 1924/1925 *(26)*
인지학의 주요 원칙들

Grundlegendes für eine Erweiterung der Heilkunst nach geisteswissenschaftlichen Erkenntnissen, 1925. Von Dr. R. Steiner und Dr. I. Wegman *(27)*
정신과학적 인식에 의한 치유예술 확장의 토대

Mein Lebensgang, 1923/25 *(28)*
내 인생의 발자취 (루돌프 슈타이너 자서전. 내 인생의 발자취, 한국인지학출판사)

2. 논문 모음

Aufsätze zur Dramaturgie 1889-1901 *(29)*
희곡론

Methodische Grundlagen der Anthroposohpie 1884-1901 *(30)*
인지학의 방법론적 토대

Aufsätze zur Kultur- und Zeitgeschichte 1887-1901 *(31)*
문화사와 시대사에 대한 소고들

Aufsätze zur Literatur 1886-1902 *(32)*
문학론

Biographien und biographische Skizzen 1894-1905 *(33)*
전기와 생애에 대한 스케치

Aufsätze aus «Lucifer-Gnosis» 1903-1908 *(34)*
잡지 〈루시퍼·그노시스〉에 실린 소고들

Philosophie und Anthroposophie 1904-1918 *(35)*
철학과 인지학

Aufsätze aus <Das Goetheanum> 1921-1925 *(36)*
인지학 전문 주간지 〈괴테아눔〉에 실린 소고들

3. 유고 간행물
Briefe 서간문 / *Wahrspruchworte* 잠언집 / *Bühnenbearbeitungen* 무대작업들 / *Entwürfe zu den Vier Mysteriendramen* 1910-1913 신비극 4편의 스케치 / *Anthroposophie. Ein Fragment* 인지학. 미완 원고 / *Gesammelte Skizzen und Fragmente* 스케치와 미완 원고 모음 / *Aus Notizbüchern und -blättern* 수첩과 메모장 모음 *(38-47)*

B. 강연문

1. 공개강연

Die Berliner öffentlichen Vortragsreihen, 1903/04 bis 1917/18 *(51-67)*
베를린 기획강연

Öffentliche Vorträge, Vortragsreihen und Hochschulkurse an anderen Orten Europas 1906-1924 *(68-84)*
공개강연, 기획강연, 그리고 유럽 각지 대학에서 가진 강좌 내용 모음

2. 인지학협회 회원을 위한 강연
Vorträge und Vortragszyklen allgemein-anthroposophischen Inhalts 일반 인지학 내용의 강연과 연속강연회 / *Christologie und Evangelien-Betrachtungen* 그리스도론과 복음서 고찰 / *Geisteswissenschaftliche Menschenkunde* 정신과학적 인간학 / *Kosmische und menschliche*

Geschichte 우주와 인간의 역사 / *Die geistigen Hintergründe der sozialen Frage* 사회 문제의 정신세계적 배경 / *Der Mensch in seinem Zusammenhang mit dem Kosmos* 우주적 맥락 안에 존재하는 인간 / Karma-Betrachtungen 카르마 연구 *(91-244)*

Vorträge und Schriften zur Geschichte der anthroposophischen Bewegung und der Anthroposophischen Gesellschaft (251-265)
인지학 운동과 인지학협회의 역사에 대한 강연문과 원고들

3. 영역별 강연과 강좌
Vorträge über Kunst: Allgemein-Künstlerisches 일반 예술에 관한 강연 – Eurythmie 새로운 동작 예술로서 오이리트미 – Sprachgestaltung und Dramatische Kunst 언어조형과 연극예술 – Musik 음악 – Bildende Künste 조형예술 – Kunstgeschichte 예술사 *(271-292)* – Vorträge über Erziehung 발도르프 교육학 *(293-311)* – Vorträge über Medizin 의학 관련 강연회 *(312-319)* – Vorträge über Naturwissenschaft 자연과학에 관한 강연회 *(302-327)* – Vorträge über das soziale Leben und die Dreigliederung des sozialen Organismus 사회적 양상과 사회 유기체의 3구성론에 관한 강연회 *(328-341)* – Vorträge für die Arbeiter am Goetheanumbau 1차 괴테아눔 건축 당시 노동자를 위한 강연회 *(347-354)*

C. 예술 작품
Originalgetreue Wiedergaben von malerischen und graphischen Entwürfen und Skizzen Rudolf Steiners in Kunstmappen oder als Einzelblätter: Entwürfe für die Malerei des Ersten Goetheanum 루돌프 슈타이너가 직접 그린 작품철과 스케치: 회화, 그래픽, 1차 괴테아눔 천정벽화 스케치의 복사본 / Schulungsskizzen für Maler 화가를 위한 수련 스케치 / Programmbilder für Eurythmie-Aufführungen 오이리트미 공연 프로그램을 위한 그림들 / Eurythmieformen 오이리트미 안무 / Skizzen zu den Eurythmiefiguren, u.a. 오이리트미 동작 모형물 등의 스케치

루돌프 슈타이너 전집의
한국어판 출간을 시작하며

루돌프 슈타이너는 20세기 초 과학의 실증주의와 신지학 운동의 영성주의라는 두 극단 사이에서 인류 문명의 문제점들을 심층적으로 바라보았습니다. 이러한 양극의 모순을 극복하고자 슈타이너는 미래지향적인 인지학人智學을 창설하였습니다. 인지학은 과학에서 삭막한 물질주의를 배제하면서 수용한 철학적 논리와 신지학에서 극단적 신비주의를 극복하는 가운데 걸러 낸 정신적 통찰을 결합한 것으로, 진정한 인간 본질의 인식을 체계적이고 학문적으로 실현하려 한 슈타이너의 "정신과학적" 탐구의 결과물입니다. 그의 인지학은 인간 본성을 중시하는 발도르프 교육학, 시대를 앞선 생명역동농법, 인지학적 의학, 유기건축양식, 새로운 동작예술인 오이리트미 등을 낳았고, 이는 20세기 이래 개인의 삶과 사회에 지대한 영향을 끼쳤습니다.

한국인지학출판사는 354권에 이르는 루돌프 슈타이너 전집의 한국어판 출간이라는 힘겨운 대장정을 시작했습니다. 이로써 인지학적 교육을 실천하는 교육자와 학부모, 그리고 슈타이너의 정신과학에 대한 올바른 이해와 평가를 위해 제대로 된 그의 '육성'을 들려 주려는 사단법인인 한국슈타이너인지학센터의 의지에 호응하려 합니다. 우리는 루돌프 슈타이너 전집의 한국어 출간 사업이 인지학 연구, 그리고 유네스코에서 세계적인 창의·인성 교육법으로 인정한 발도르프 교육학의 올바른 수용을 위한 진정한 이정표가 되리라 확신합니다.

한 권 한 권 100년의 세월과 슈타이너 특유의 난해한 언어 장벽을 넘어야 하는 이 지난한 사업에 독자 제위의 깊은 관심과 애정 어린 충고가 이어지기를 열망합니다.